江西省哲学社会科学成果文库

JIANGXISHENG ZHEXUE SHEHUI KEXUE
CHENGGUO WENKU

中国传统民法架构
二元性问题研究

ON THE ARCHITECTURAL DUALITY OF
THE CHINESE TRADITIONAL CIVIL LAW

顾文斌 著

社会科学文献出版社
SOCIAL SCIENCES ACADEMIC PRESS (CHINA)

本书为 2014 年国家社科基金西部项目"我国民法典编纂的法律资源本土化研究."(项目编号:14XFX007)的阶段性成果

总　序

作为人类探索世界和改造世界的精神成果，社会科学承载着"认识世界、传承文明、创新理论、资政育人、服务社会"的特殊使命。在中国进入全面建成小康社会的关键时期，以创新的社会科学成果引领全民共同开创中国特色社会主义事业新局面，为经济、政治、社会、文化和生态的全面协调发展提供强有力的思想保证、精神动力、理论支撑和智力支持，这是时代发展对社会科学的基本要求，也是社会科学进一步繁荣发展的内在要求。

江西素有"物华天宝，人杰地灵"之美称。千百年来，勤劳、勇敢、智慧的江西人民，在这片富饶美丽的大地上，创造了灿烂的历史文化，在中华民族文明史上书写了辉煌的篇章。在这片自古就有"文章节义之邦"盛誉的赣鄱大地上，文化昌盛，人文荟萃，名人辈出，群星璀璨，他们创造的灿若星辰的文化经典，承载着中华文明成果，汇入了中华民族的不朽史册。作为当代江西人，作为当代江西社会科学工作者，我们有责任继往开来，不断推出新的成果。今天，我们已经站在了新的历史起点上，面临许多新情况、新问题，需要我们给出科学的答案。汲取历史文明的精华，适应新形势、新变化、新任务的要求，创造出今日江西的辉煌，是每一个社会科学工作者的愿望和孜孜以求的目标。

　　社会科学推动历史发展的主要价值在于推动社会进步、提升文明水平、提高人的素质。然而，社会科学的自身特性又决定了它只有得到民众的认同并为其所掌握，才会变成认识和改造自然与社会的巨大物质力量。因此，社会科学的繁荣发展及其作用的发挥，离不开其成果的运用、交流与广泛传播。

　　为充分发挥哲学社会科学研究优秀成果和优秀人才的示范带动作用，促进江西省哲学社会科学进一步繁荣发展，我们设立了江西省哲学社会科学成果出版资助项目，全力打造《江西省哲学社会科学成果文库》。

　　《江西省哲学社会科学成果文库》由江西省社会科学界联合会设立，资助江西省哲学社会科学工作者的优秀著作出版。该文库每年评审一次，通过作者申报和同行专家严格评审的程序，每年资助出版30部左右代表江西现阶段社会科学研究前沿水平、体现江西社会科学界学术创造力的优秀著作。

　　《江西省哲学社会科学成果文库》涵盖整个社会科学领域，收入文库的都是具有较高价值的学术著作和具有思想性、科学性、艺术性的社会科学普及和成果转化推广著作，并按照"统一标识、统一封面、统一版式、统一标准"的总体要求组织出版。希望通过持之以恒地组织出版，持续推出江西社会科学研究的最新优秀成果，不断提升江西社会科学的影响力，逐步形成学术品牌，展示江西社会科学工作者的群体气势，为增强江西的综合实力发挥积极作用。

祝黄河

2013 年 6 月

序

　　"教学相长"永远是校园里的最大乐趣。如果没有顾文斌这篇解析中国传统法律民事规范的博士学位论文，我也许不会如此深思传统法律文化研究对于部门法学的意义。四年前，已经是副教授的顾文斌报考我的博士，我很惊讶。因为我了解到他在高校教授民商法课程，而且发表了不少的论文，律师做得也不错。如果是三十年前，这事也许还好理解，因为那时法律史学科是法学界的"显学"。斗转星移，世事变幻，如今法律史可谓门庭冷落，当然这种冷落在很大程度上是一种学术的回归，是学者的幸事，不值得大惊小怪。但是，由民商法的教学研究转为攻读法律史的博士，这在当前的社会氛围中实在是不多见的。我至今都记得顾文斌对其"转行"的解释：因为在民商法的研究教学中遇到了一些困惑，这种困惑应该能从传统法文化中寻找到答案。凭着对中国法律史多年学习和研究积累的经验，我知道他选择了一个为难自己，却又志存高远的学术难题。

　　用现在的民法概念整合中国古代的民事习惯与法律规范是一件十分困难的事情。因为资料的梳理钩沉、古今观念的对接都鲜有现成的成果借鉴。近年来，学人们围绕古代民法，或从制度史，或从思想史角度对其进行探索，虽成果颇丰，但观点莫衷一是，系统而有见地的论述更是罕见。顾文斌博士的学位论文，其创新性在于超越了朝代的禁锢，视中国传统社会的民事法律规则为整体，深刻分析了其中的共性部分，揭示出传统民法"内外有别"的架构二元性特征；同时其将制度史与思想史的研究成果合理连接，视传统民法的具体规则为传统法律思想的外化，揭示了传统民法二元性特征背后的思想根源。

在这本即将出版的学位论文中，作者从论证传统民法存在的合理性入手，指出中国传统社会具有民法存在的社会基础：自然经济条件下商品交易的存在，为传统民法存续提供了经济基础；"重农抑商"而非禁商的政策为传统民法提供了政治空间；儒家对趋利避害、追求富贵人性的认同，为传统民法的存续奠定了思想基础。在作者看来，民法概念的回归是中国传统民法存在的前提条件。

合理存在的传统民法具有自己的特征：架构的二元性。作者认为，这一特征主要体现于以下几点：其一，就表现形式而言，传统民法渊源具有二元性，是成文法与非成文法的统一，成文的法——律令格式与非成文的法——儒家经典、风俗习惯并存。其二，就法律构造而言，传统民法具有结构上的二元性，"仁内"的婚姻家庭制度以孝为核心，实行差等原则，家长集权是其民事权利义务分配的基本模式；"义外"的民事交易制度以"忠恕之道"为核心，实行平等原则，利益平衡是其民事权利义务分配的基本模式。其三，就制度展开而言，传统民法具有规则上的二元性，传统婚姻家庭制度按照儒家"仁"的精神，以孝道为中心，以妇道为辅助而展开，维护家庭团结；传统民法的交易制度按照儒家"义"的精神，以自愿、诚信、合理及尊重习俗等原则为中心，以利益平衡为辅助，维护商品交易的社会秩序，契约制度、度量衡制度、登记制度、中人制度、物勒工名制度、一本一利、担保制度等无非是传统民法上述原则的制度展开。"仁孝"与"仁义"精神要求不同，决定了传统民法家庭内外具体制度建构的基础截然不同。

在作者看来，传统民法二元性是传统社会政治、经济、思想共同作用的结果。儒法合流为传统民法的二元性提供了思想基础，社会认可法律形式的礼，也认可非成文的儒家经典、风俗习惯的调整功能，即接受传统民法体例上的二元性。从政治角度而言，在家国同构的社会治理模式下，家长承担管理家庭成员、稳定家庭秩序的职能，国家的专制政体沿用于家庭，形成了家长集权的民事权利义务分配体系；而家庭之外，由于商品交易的存在与价值规律的要求，法律须承认交易主体法律地位的平等。因此，传统社会以家为界限，家庭之内民事权利义务分配以差等为原则，家庭之外民事权利义务分配以平等为原则，这符合中国传统社会帝王专制的统治需要。从经济角度而言，在自然经济条件下，再生产的进行需要家庭意志高度集中，必须以家长为核心；在商品交换过程中，交易主体自愿是前提，任何人不得将自己的意志强加于对方，此为古今中外商品交换的基本要求。于是，传统社会生产的集权与交易的自愿之经济二元性由此形成。

在作者看来，传统民法架构的二元性对传统社会影响深远。对民事主体而言，参与民事活动时"名分"是首要问题，其在家内须注意自己的位分，在家外则注重自己的权限，社会成员内外有别的行为模式或许因此而成。对司法官员而言，传统民法渊源的二元性为其自由裁量权提供了空间，但无论适用成文法，抑或适用非成文法，无论裁判拟或调解，都须符合"礼"的要求，情理是人们对司法官员处理民事纠纷的基本要求。

综上，虽然作者的某些观点论据尚可以进一步充实，资料的解释尚应更加严谨，但就作者选择的研究课题、采用的研究方法、得出的独到观点而言，我认为其已然为学界认识传统民事法律文化提供了一个新的视角，为我们解释现实中活的"民法"提供了参考，也为法律史研究拓宽了领域。

王士红

甲午年端午

摘　要

　　虽然学界对于中国传统社会是否存在民法争议颇久，但通过研究史料，我们发现传统社会具有民法存在的社会基础，自然经济条件下商品交易的存在，为传统民法存续提供了经济基础，"重农抑商"而非禁商的政策为传统民法提供了生存空间；儒家对趋利避害、追求富贵人性的认同，为传统民法的存续奠定了思想基础。中国传统社会存在大量民事规则，人们对此没有争议，却唯独对传统民法的存在与否争论不休，原因是人们对民法概念的理解不同。如果我们突破现代民法学思维的禁锢，回归民法概念的本源，将一切涉及私人利益的法作为民法的认定标准，基于传统社会存在私人利益的认识，认可传统社会存在民法将是大家共同的结论。

　　与中国当下民法不同，中国传统民法具有二元性特征。详言之，传统民法的二元性主要表现在以下几个方面：

　　第一，从法律的表现形式角度而言，传统民法渊源具有二元性，是成文法与非成文法的统一。礼是中国古代最早的法律模式，早在奴隶制国家形成前即已出现，是中国古代社会最早的行为规则，而刑是奴隶制国家社会治理的工具之一，产生较礼更晚。西周时期周公制礼，实现了奴隶制社会的繁荣，但随着王室力量的削弱，春秋战国时期，成文法取代礼而逐渐成为国家治理的主要工具，后秦一统中国却因苛法导致政权二世而亡，世人深受其害而谈法色变。社会法律实践的历史证明，独取礼治抑或法治都难以实现社会的长治久安，必须将礼法有机结合，于是西汉中期的礼法合流应运而生。礼法合流根植于先秦儒家与法家观点的趋同，也迎合了中央集权的需要，成为此后传统社会基本的治理模式。礼法合流，使得成文的法——律令格式与非成文的法——儒家经典、风俗习惯并存，共同体现儒家礼治的要求。传统民法的成文法形式与非成文法形式的并存，造就了传统民法渊源的二元性。

从法律构造角度而言，传统民法具有结构上的二元性。儒家的礼以家为分界线，主张"门内之治恩掩义，门外之治义断恩"的"仁内而义外"治理方式。传统民法作为礼的表现形式，依照"仁内"的要求，婚姻家庭制度以孝为核心，实行差等原则，家长集权是其民事权利义务分配的基本模式；依照"义外"的要求，民事交易制度以"忠恕之道"为核心，实行平等原则，利益平衡是其民事权利义务分配的基本模式。两种对立的民事权利义务分配模式并存于传统民法之中，构成了传统民法结构上的二元性。

就制度展开而言，传统民法具有规则上的二元性。传统民法的婚姻家庭制度按照儒家"仁"的精神，以孝道为中心，以妇道为辅助而展开。其制度以家长为核心，要求子女服从父母管束，尊重父母对子女的婚姻决定权，保证父母物质生活，维护家长的财产所有权；要求妻子忠实丈夫，孝敬老人，照顾家庭日常生活，维护家庭团结。传统民法的交易制度按照儒家"义"的精神，以自愿、诚信、合理及尊重习俗等原则为中心，以利益平衡为辅助，维护商品交易的社会秩序。自愿协商而禁止以力取利、欺行霸市、强买强卖，诚实守信而禁止诈欺，合情合理而禁止违禁取利等都是传统民法交易制度的基本要求。契约制度、度量衡制度、登记制度、中人制度、物勒工名制度、一本一利、担保制度等无非是传统民法上述原则的制度展开。"仁孝"与"仁义"精神要求不同,决定了传统民法家庭内外具体制度建构的基础截然不同,其法律规则亦具有二元性。

总之,由于传统民法的渊源、结构以及制度等方面具有二元性特征,故笔者认为传统民法架构具有二元性。

中国传统民法之所以具有架构上的二元性,有以下几方面的原因:第一,从思想角度而言,儒法合流为传统民法的二元性提供了思想基础,社会认可法律形式的礼,也认可非成文的儒家经典、风俗习惯的调整功能,即接受传统民法体例上的二元性:成文的律令格式与非成文的儒家经典、风俗习惯等并存。第二,从政治角度而言,在家国同构的社会治理模式下,家长承担管理家庭成员、稳定家庭秩序的职能,国家的专制政体沿用于家庭,形成了家长集权的民事权利义务分配体系;而家庭之外,由于商品交易的存在与价值规律的要求,法律须承认交易主体法律地位的平等。因此,传统社会以家为界限,家庭之内民事权利义务分配以差等为原则,家庭之外民事权利义务分配以平等为原则,传统民法的法律的原则及其相应规则二元性由此形成。第三,从经济角度而言,在自然经济条件下,再生产的进行需要家庭意志高度集中,必须以家长为核心;在商品交换过程中,交易主体自愿是前提,任何人不得将自己的意志强加于对方。由此,生产与交换过程中的主体规则二元性据以形成。总之,传统民法二元性是传统社会政治、经济、思想共同作用的结果。

传统民法架构的二元性对于传统社会的影响深远。对民事主体而言,由于家内与家外的法律规则不同,民事主体的权利义务也完全不同,因而,民事主体在参与民事活动时,将"名分"视为首要问题,即在家内注意自己的位分,在家外注重自己的权限。同时,传统民法的二元性,导致传统社会的家庭成员在不同民事领域，呈现出人格的双面性，内外有别的行为模式或许因此而成。在传统社会，对司法官员而言，传统民法渊源的二元性为其自由裁量权提供了空间，但无论适用成文法，抑或适用非成文法，其并无本质区别，都是贯彻礼的要求。民事纠纷的解决，无论是调解方式，抑或是裁判方式，符合情理应是人们对司法官员处理民事纠纷的基本期待。

当然，作为与市场经济相适应的现代民法，应该在保持经济利益平衡性的同时，也须考虑家庭关系的伦理性，并在我国民法典的构建过程中实行家庭内外制度有别的立法模式。

关键词：传统民法；架构二元性

Abstract

Through the long debate on the existence of the civil law of the Chinese traditional society, we find that there are natural foundations of the traditional civil law in the Chinese traditional society by studying the historical data. The existence of commodity trading under natural conditions in the Chinese society has provided the economic base for the traditional civil law. Policy of "Developing Agriculture and Restraining Business" rather than prohibiting business provides a living space to the traditional civil law. It has provided the ideological foundation to the traditional civil law that the Confucianists seek advantages and avoid disadvantages. There is no controversy over the civil rules in the Chinese traditional society, but they argue endlessly on the issue whether there is the traditional civil law or not because of their scarce understanding of the concept of civil law. If we get out of the frame of the modern civil law, and return to the origin of civil law – the law about private interests is civil law, we can draw a common conclusion that the traditional civil law exists.

The Chinese traditional civil law is different from today's, and it has duality. In detail, the duality of traditional civil law lies mainly in the following areas:

From a legal perspective, the origins of the traditional civil law are duality, and it is the unity of statutory and non-statutory law. The ceremony was the first legal model of the ancient China, tracing back before the formation of the slavery state, and it became one of the tools of social governance. Punishment was one of the tools to govern the society of slavery country, and it arose relatively late to the ceremony. Duke made the ritual in the Western Zhou Dynasty and had achieved the prosperity of the slavery society. But with the weakening of royal power, the statute replaced the ceremony in the Warring States period and gradually became the main tool of governance, but severe laws of Qin led the regime to die in two generations. The world suffered from and was scared of laws. History of the legal practice has proved that it was difficult to achieve long-term stability of society by either etiquette or law, and we must combine them, so the etiquette with the law emerged in mid-Han. The reason lies in the convergence about the views of the Confucianism and Legalism. The combination, catering to the needs of centralization, had become the basic model of governance since traditional society. The etiquettes combining with the law presented the format of written law such as the laws, the orders, the metres and the patterns, and the format of unwritten law such as the Confucian classics, the customs, and it embodied the requirements of the Confucian. Form of traditional civil law statutes coexisted with non-statutory form – a duality of the origins of the traditional civil law.

From the angle of the structure of the law, the traditional civil law has duality in the structure. Confucianism provided the dividing line by family, and they adhered to the governance that we should handling with the members in the family by kindness and not by righteousness, while handling with the members out of the family by righteousness and not by kindness. As a ritual form of expression, the traditional civil law was in accordance with the requirement that we should be kind to the family members. The filial piety was the core of the marital family system, and it implemented the poor system, with the basic pattern in assigning the obligations being that parents have lots of civil rights. In accordance with the requirement of "justice outside", the "forbearance" was the core of the civil trading system, with the implementation of the principle of equality – the balance of interests and the civil rights and obligations were the basic model. Two opposing civil rights and obligations allocation patterns coexisted in the traditional civil law, and it constituted the structural duality of the traditional civil law.

From the expanding of the system, the traditional civil law has the duality in the rules. The traditional marriage and family system expanded with the spirit of "piety" of the Confucianism and the filial piety was set as the center and the Women as the auxiliary. The systems took the parents as the core, required the children to obey their parents, and asked the children to respect and obey the decision of their parents in the family, to ensure their parents' material life, and to maintain parental property. It required the wife be faithful to her husband, caring for the elderly and the family daily life, and maintaining familial unity. The trading system of the traditional civil law was based on the spirit of Confucian "righteousness", and centered on the voluntarily, faith, reasonability and custom-respected principles, assisted with the balance of interests in order to maintain the sociality of the commodity trading. The basic requirement of the traditional civil law was that people should consult voluntarily and should not gain the usury by force in the market; people should not permit to buy and sale strongly; people should be honest and trustworthy to each or them and they were prohibited to be fraud; people should be justified and prohibited to be usury, etc. The trading system, the contract system, the weights and measures system, the registrational system, the human systems, the physical Le Gong Ming regime, and the rules of small benefit and the security system were nothing more than expanding of the principles of the traditional civil law.

The different requirements of the spirits of "filial piety" and "righteousness" decide the base of the constructed systems of the traditional civil law in and outside the family, and the rules of law also has its duality.

In conclusion, we think that the traditional civil law has duality because of its origin, the framework, the disciplines and other aspects.

From the ideological point of view, we can find the reason that the combination of Confucianism with Legalism provides the ideological basis. The society accepts the ceremony by the form of law, and adjustment function also by unwritten Confucian classics such as customs and Confucian classics, etc. And duality of the traditional civil law is accepted. The written instruction and unwritten Confucian classics and the customs coexist. From a political perspective, under social isomorphic governance mode of family and the country, the parents shoulder the responsibility of managing the family members and stabilize the family order. The country's autocratic is applied in the family, and form a distribution system of the civil rights and obligations by parents. While outside the family, the law must recognize the equal legal status of the transaction subject because of the trading existence and value of the commodity trading requirements of the law. Therefore, the traditional social order is delimited by family, and the civil rights are disputed equally, but it is unequal outside the family. The duality of the traditional civil law is formed. From an economical perspective, the reproduction needs a highly-united will of the family under the natural economic conditions. The parents must be at the core. In the process of the commodity exchanging, the voluntary transaction is the main premise. No person shall impose their will on each other. In short, the duality of the traditional civil law is the result of joint action of the politics, economic, ideas of the traditional society.

The architectural duality of the traditional civil law had far-reaching influence on the traditional society. Since the legal rules of the home and outside the home were different, the rights and the obligations of civil subject were completely different, and thus, the "birthright" primarily mattered when they were involved in civil activities. They paid attention to their positions at home and they focused on their rights outside the home. The duality of the traditional civil law had led the families to show double personality in the traditional civil society, and the mode of the action was different between at home and outside . For the judicial officials, the duality of the traditional civil law had provided a space to judge freely, but it did not make any difference when they were implemented by the ritual rules for the application the statute or the non-statutory law. For the justice officials, when they handled the civil disputes whether they acted as the mediation, or the referee, they would be consistent with basic requirements of the traditional society.

Of course, as with the market economy, the modern civil law should keep the balance of the economic interests. Meanwhile, it should also consider the ethics of the relationship in the family. We should build differentiated legislative model in the family and outside the family when we set the Civil Code of our country.

Keywords: Traditional Civil Law; Architectural Duality.

目　　录

导　言

在中国传统社会，先辈们创造了辉煌的物质文明，也构建了以律令格式等为主要表现形式的中华法系。但至清末时期，外夷不断入侵，清政府失败连连，中华民族面临着前所未有的危机。为了救亡图存，当时的仁人志士尝试了诸多方法，最终将图强的希望寄托在变法之上。鉴于时局的紧迫性，先哲们无暇仔细甄别传统法律文化中的精华与糟粕，在变法过程中全盘否定了传统法律文化，"中国法传统不仅没有成为中国法继续发展的动力与基石，反而被作为沉重的历史包袱而受到指责"①，法律的西化被时人视为社会改造的良药，法律的现代化由此逐渐展开。

随着时间的推移，人们发现，尽管我国颁行西式的法律已久，宣扬西方法治精神多年，但传统法律文化依旧影响着公众对现代法律的认识；虽然我们依照大陆成文法模式已经建立起社会主义法律体系，并以之调整中国社会生活，但现代法律的规则要求与公众传统观念之间的冲突始终存在，尤其是在与人们日常生活紧密联系的民事法律领域。重新梳理自己的法治历程，我们会发现：虽然西式的法律体系与规则可以较快地建构，但公众对西方的法

---

① 马小红：《礼与法：法的历史连接》，北京大学出版社，2004，第39页。

律观念及行为模式的接受却是一个缓慢的过程；西方法律传统作为西方思想文化价值观长期积淀的结果，远非依靠引进就能为中国公众所接受；我们可以依靠国家强制力推行移植性的法律，但法律的效力却会因缺乏民众心理基础而大打折扣。进而，我们开始明白：法律只有符合中国传统法律思想，才能为公众所接受；法律只有与中国社会的风俗习惯相契合，守法才能成为人们的自觉行为。由于民法是一个民族善良风俗的凝结，且与民众日常生活休戚相关，因而其规则更应反映人们传统的价值观，否则，其民事规则不仅难以为世人接受，而且会影响社会的稳定。正如张仁黼于光绪三十三年五月上书中所言："一国之法律，必合乎一国之民情风俗"，不同文化熏陶下的东西民情风俗是绝非依靠"世界最新研究成果"之类的话语所能改变的，仅靠引进西方法律模式是难以营造良好法治环境的。我们应当深入地研究中国传统法律赖以存续的政治、经济、文化、思想基础，取其精华并与现代法律的建构有机结合，以此建构体现民族特色的法律，对民法的建构而言，更应如此。由于民法是民族生活习惯、思维与行为模式、价值观等诸多因素的综合反映，民法更应该具有历史延续性。唯有建构于民族传统文化基础上的民法才是民族的、能为大众所接受的现代法律。我们应当深入探究传统民事法律文化及其价值观，认真甄别传统民事法律文化中的合理因素，将研究成果与当下法治建设相结合，实现传统民事法律思想与现代民事法律制度的合理连接。基于此考虑，笔者试图在重新界定民法概念的基础上，论证"传统民法存在"的合理性，进而从费孝通所称的"差序格局"① 乡土中国、梁漱溟的"伦理本位"② 社会或瞿同

① 费孝通：《乡土中国》，生活·读书·新知三联书店，1985，第21~28页。
② 梁漱溟：《中国文化要义》，学林出版社，1987，第77~94页。

祖的"等级身份"① 社会入手，以礼为本源，通过对传统民法的表现形式、结构体系、制度规则等方面的分析，证明中国传统民法具有架构上的二元性。

通过研究，我们可以发现，就法律渊源而言，传统民法包括律令格式等成文法形式和风俗习惯、儒家经典等非成文法形式。就法律结构而言，传统民法包括"仁内"与"义外"两个领域，其中婚姻家庭制度以"仁"为精神，以孝道、妇道为基本要求，实行差等原则；而家庭之外的民事制度则以"义"为精神，贯彻"忠恕之道"的要求，实行平等原则。就法律制度而言，传统民法是以家为界限，在家庭之内贯彻陈寅恪先生所概括的"吾中国文化之定义，具有《白虎通》三纲六纪之说"②，将国家政治生活的等级制贯穿于传统社会的婚姻家庭规则之中，以父权、夫权为核心分配民事权利义务；而在家庭之外，尽管正统思想要求人们重义轻利，但民事法律规则却始终贯穿着商品交换的一般原则：平等、自愿、诚信、等价有偿。

通过研究，我们发现传统民法的各项制度基本上是围绕上述二元性而展开，传统社会人们的名分优先及人格两面性的根源亦在于传统民法架构的二元性；传统社会民事纠纷的调解与裁判本身就是礼的适用过程，司法官员无论是依法裁判还是依情理裁判，无非是选择适用传统民法的不同渊源，其本质都是追求纠纷解决结果合乎礼的要求，以求践行天理、国法与人情的统一。

虽然中国传统民法的二元性是中国传统社会特有的立法模式，但是其合理区分家庭内外规则的立法方法对今日民法典的建构不乏借鉴意义，或许贯彻当代伦理道德要求的民法典才是我们应该建构的现代民法典。

---

① 瞿同祖：《中国法律与中国社会》，中华书局，1981，第1～249页。
② 陈寅恪：《挽王静安先生》，转引自季乃礼《三纲六纪与社会整合》，中国人民大学出版社，2004，第4页。

第一节　研究现状与研究意义

一　研究现状

由于我国古代民法规范或带有民事性质的规范，分散在礼制典籍、风俗习惯及诸法合体的法典之中，这为确定民法体系带来很大困难。学界先辈们殚精竭虑，在挖掘传统民法的规则的同时，对传统民法体系的特点提出了诸多观点。

李志敏先生主张："必须从民法的实质上，即它所调整的社会关系上去确定我国古代民法的体系。"[①] 他认为从《周官》的卷次去确定中国古代民法体系是远远不够的，而按照在我国封建社会最有代表性的法典《唐律疏议》的篇目去确定我国古代民法的体系虽然方便，但就诸法合体的法典所固有的篇次去掌握古代民法并不等于掌握它的体系，且此种方法只是对古代民法的解说而不是古代民法的科学归纳，不利于从历史发展的整个背景去阐释民法。法制史书籍通常采用的按照各个历史时期去整理我国古代民法的方法虽说比较科学且有助于考察古代民法发展的历史背景，但不便于综合性论述，且不便于从横的方面去把握民法体系。在他看来，民法的体系须以民事主体、婚姻家庭制度、物权、契约制度、侵权行为制度、诉讼时效制度为顺序。在李先生看来，我国古代民法的特点包括从属于宗法制度、重礼制及伦理、诸法合体，以及以占统治地位的自然经济、相对不发达的商品经济为基础。

孔庆明、胡留元、孙季平等先生认为，中国古代的民事法律是通过判例、礼法、诸法合体的法典、诏书条令、契约等形式表现出

[①]　李志敏：《中国古代民法》，法律出版社，1988，第 11 页。

来的，"其中以要式存在的契约形式占重要的比重"①。这种民法形式和它调整的财产关系、人身关系的内容，构成了中国古代具有特色的民法体系。但他们同时认为，与罗马法以及后来的大陆法系相比较，中国古代的民法确实不够发达。"它还没有形成系统、完整的体系"②，还没有独立的民法典，中国古代的民事法律制度调整的权利义务内容多半是房地产这些不动产产权关系，商业债权占的比重比较少。

李显冬先生认为，只要我们转换思路，"从实质意义上的民法渊源角度来看问题"③，就可以发现中国古代固有民法具有体系上的开放性。他在《从〈大清律例〉到〈民国民法典〉的转型——兼论中国古代固有民法的开放性体系》一书中指出，中国古代民法具有渊源上的多样性，呈现出开放性特征："说经解律，引礼入法"，属于家族本位的伦理法；以对民事法律关系进行调整的传统习惯法为主；以单行法为主干构成成文民事法律规范体系而不局限于律典这种直接渊源；通过违法惩处而赋予契约以法律效力，并且律例并用、以例辅律，实行案例法。此外中国古代固有民法的调整手段亦具有开放性特征，不仅官府受理薄物细故之争，而且家长负责家族内部民事纠纷的处理，"举宗之事，责成家长"，采取礼法结合、综合为治、互为表里、相辅相成的治理模式。

此外，另有诸多学者亦论及中国传统民法体系的特征，认为传统民法具有诸法合体、宗法等级、礼制规则等特征。

学者们的研究既有力地回击了"中国古代没有民法"的错误观念，也拓展了法律史学研究的领域，丰富了中华法系的内容，加

---

① 孔庆明等编著《中国民法史》，吉林人民出版社，1996，第2页。
② 孔庆明等编著《中国民法史》，吉林人民出版社，1996，第2页。
③ 李显冬：《试论中国古代固有民法的开放性体系》，《杭州师范学院学报》（社会科学版）2003年第5期。

深了我们对"诸法合体、民刑有分"的认识，提高了我们的民族自豪感。可以说，诸多前辈的努力，为我们深入研究中国传统民法奠定了基础。当然，诚如苏轼所言，"横看成岭侧成峰，远近高低各不同"，每个人的视角不同，结论或许不一。前辈们对传统民法的研究似乎更多地倾向于对制度本身的研究，着重于发掘传统民法中的总论、主客体、物权、债权、婚姻家庭及侵权等制度本身，而对中国传统民法建构的思维模式分析不足，因而难以从根本上把握中国传统民法体系的特征。此外，前辈们关于礼对婚姻家庭制度的影响研究成果颇多，但对于礼对传统民法其他部分的影响关注似乎较少；特别是将传统民法体系的体系特征、建构思想、基本原则及具体制度有机连接的研究成果更少，此不能不说是一遗憾。既然"在中国传统法律文化中，儒家立法思想占有主干地位"①，而且礼法合一是法律儒家化所追求的目标，那我们不妨由礼入手，来分析传统民法体系的建构特征及具体制度，或许从中会发现传统民法体系新的特征：架构的二元性。

二　选题意义

本选题的意义主要表现在以下三个方面：

其一，通过该选题的研究，试图解决中国传统民法是否存在的问题。对于传统中国是否存在民法的问题，争论由来已久。笔者试图跳出大陆法系模式的限制，以"一切涉及私人利益的法都是民法"②为立论基础，站在政治需要、经济发展和思想要求等三个层面，论证传统中国存在民法发展的土壤，并在梳理传统中国的民事法律规则的基础上，论证传统中国社会存在民法，从而奠定自己论

---

① 崔永东：《中国传统立法文化中的道德精神》，《法治研究》2011年第10期。
② 龙卫球：《民法总论》，中国法制出版社，2001，第16页。

著的研究基础。

其次，通过本选题，试图解决中国传统民法体系架构问题。传统中国民事法律规则比较分散，并没有完整的民事法典，其中有学者依照德国民法典的体系，将传统中国的民法概括为总论、物权、债权、婚姻家庭及侵权等部分，此方法虽然便于今人比较古今民法制度的不同，但并不能揭示出传统中国民法架构的独特性。通过本选题的研究，笔者试图勾勒出传统中国民法架构的特性——二元性，即以礼为指导思想，在法律渊源上实行成文法与非成文法并存；在法律结构上，以家为分界线，以实现"仁内"与"义外"为目标，分别实行差等原则与平等原则；在制度展开上，家内的民事规则以宗法等级制为核心，民事权利义务的分配以维护父权、夫权乃至族权为中心，家庭成员的民事权利义务具有浓厚的不平等性，而涉及家庭之间利益交换的民事法律规则，以商品交换所遵循的基本规则为准则，以平等性为基础原则，贯彻着平等、自愿、诚信、合理等精神。

最后，通过本选题，试图将儒家思想与传统民法的规则有机连接，解决传统民法立法精神问题。在学界看来，传统中国社会是一个礼治社会，礼的精神贯穿于传统社会的政治、经济、文化、伦理等各个方面，由此，"礼的发达才是中国古代法真正的特点之所在"①。依此观点，法家颁布成文法的要求决定着传统民法的外在形式，而体现着礼治要求的儒家思想却决定着传统民法规则的内容实质。笔者试图将儒家思想与传统民法规则有机连接，探究传统民法规则与儒家思想的内在逻辑联系，并由此挖掘传统民法规则的精神实质，进而提出传统民法中的婚姻家庭法律规则无非是儒家"三

---

① 马小红:《"以刑为主"还是"以礼为主"——中国传统法的反思》,《中国司法》2008 年第 1 期。

纲五常"思想的反映，传统民法的交易规则是儒家忠恕、诚信等伦理思想的反映，传统民法依旧是儒家仁义思想在私法领域的贯彻。

总之，笔者试图通过本选题的研究，在法律史学界、哲学界、伦理学界已有研究成果的基础上，努力突破学科划分的局限性，按照古人依"礼"处理人际关系的行为方式与思维方式，探索"仁义"的道德伦理思想在中国传统民法体系中的作用，进而提炼出各个领域适用的基本价值判断标准及其基本原则，最终确立传统民法内部对立、统一的二元架构体系，并将其中的合理内核与西方的现代性有机结合[1]，为当下民族化民法典的建构提供认识论的参考[2]。

第二节　研究方法

列宁指出："为了解决社会科学问题，为了真正获得正确处理这个问题的本领而不被一大堆细节或各种争执意见所迷惑，为了用科学眼光观察这个问题，最可靠、最基本、最重要的就是不要忘记基本历史联系。"[3] 法律史学的研究必须坚持马克思主义哲学的基本方法，从矛盾论、运动论与实践论角度出发，运用普遍联系的方法，将传统法律制度与传统法律思想视为整体来开展研究。作为研

---

①　张中秋先生认为，时至今日，中国社会并存、交织着两种不同性质的历史动力，一种是传统中国政治道德对社会经济的控制力，一种是西方社会经济对政治的决定力。前者基于中国的社会结构和历史惯性，构成当代中国历史内在性的主要方面；后者源于西方历史方向的现代性，成为近代以来中国努力的主要方向。参见张中秋《唐代经济民事法律述论》，法律出版社，2002，第18页。

②　俞江主张，民法学的出路在于如何利用民法理论去合理解释西方人没有遇到的民事关系，从而可以使家产制一类的中国现象，能够抵挡民法学的解释，进而反映到民事立法中，形成一个没有内在逻辑矛盾的新系统。中国民法的自我发现，其实应该体现在这一新系统的不断创造和完善的过程中。参见俞江《中国民法典诞生百年祭——以财产制为中心考察民法移植的两条主线》，《政法论坛》2011年第4期。

③　《列宁选集》第4卷，人民出版社，1972年第2版，第43页。

究传统法律制度的论著，本论著在坚持马克思主义研究方法基础上，还运用了以下具体研究方法。

一　历史研究法

作为一部关于中国传统民法的学术论著，尊重历史是其基本要求。而中国传统社会法典的编纂，注重刑律的成文化而缺乏成文的民事法典，故"探究中国古代民法不能只以成文刑律中关于户役、婚姻、田宅、钱债等条款为据，还应细心究论礼经、礼典、礼论"①。本书以中国传统社会的伦理性为切入点，将儒家思想与民事法律制度及其司法实践有机结合，在运用各类法律典籍、经典论著及各类判牍等历史资料的基础上，按照时代发展的脉搏及法律运行的轨迹，对各类判牍进行分析、整合，探求礼治精神在传统民法中的贯彻与运用，探求传统民法的基本价值追求。由于史料浩瀚无边且鱼龙混杂，所以我们须对其进行合理的甄别与取舍，并结合当时的社会历史背景来确定材料的运用。特别是，我们必须抛弃现代法律类型划分的定式思维，充分认识到传统法律"诸法合体"的历史事实，将传统法律中包含的民法规则提炼出来，展现历代王朝"民刑有分"编纂方式下传统民法体系的架构，并将历代涉及民事诉讼的判牍从刑事判牍中分离出来，以检验传统民法规则在实践中的运用，最终形成对传统民法的整体性认识。

二　比较研究法

由于社会生活的多样性与司法实践的多样性，从各种官吏师爷的笔记、散布各地的墓志铭、流传千古的诗词乃至脍炙人口的文学

---

① 俞荣根：《诚信：一个历久常新的民法原则——〈论语〉与我国民法文化刍议》，《现代法学》1993 年第 2 期。

作品入手，分析法律实践无疑是一条有益的法律社会学研究方法，但其难免有以偏概全并因此磨灭历史本来面目的危险。故笔者抛开各种纷杂的野史资料，立足于历朝历代的基本法典与官志，将相关制度从法典与官志中钩沉出来，与儒家伦理道德思想的要求进行比较分析，透过传统民法各种具体制度与司法实践的现象，把握传统民法制度背后的共同价值取向与基本精神，同时结合儒家经典著作的伦理要求，探究传统民法立法的基本精神与基本原则，描述区别于西方的中国传统民法的概貌。

三　系统研究的方法

任何思想与制度都来源于社会实践的总结，任何主流思想必然影响当时社会的各种社会制度的建构，并在当时的社会实践中反映出来。传统中国早早地脱离了宗教的禁锢，世俗的伦理道德思想深刻地影响着人们的道德观念与价值追求，其中儒家的思想道德观念逐渐为社会所接受，并至唐朝与法家思想实现最终合流。儒家思想取得封建社会正统地位后，其得以充分体现于中国传统社会的法律之中，成为传统法律的灵魂。离开儒家思想研究伦理色彩浓厚的中国传统民法，无疑是缘木求鱼，因为其无法深刻理解传统民法制度的精神本质。本论著遵循在制度中找寻思想，在思想中理解制度的思路，将传统民法与儒家思想的研究紧密结合，在此基础上来分析传统民法制度背后的思想渊源与基本精神，赋予传统民法以灵魂，以期使自己研究的传统民法架构有血、有肉、有灵魂。

第三节　论著的逻辑脉络

法律史学界的研究成果已经解决了传统民法的制度内容问题，本专著研究的重点则是探寻传统民法制度架构的特点及其原因。本专著分为六个部分，来阐释传统民法①架构的二元性问题，具体而言，包括以下内容：

1. 第一部分，论证传统民法架构二元性的前提：传统民法存在的合理性（第1章）

此部分试图解决传统民法架构二元性存在的前提问题。笔者首先从学界关于传统民法存在与否的争论入手，评判正反两方的观点，指出民法概念的回归是确认传统民法存在的前提，并指出民法概念的真实意义是"调整人与人之间的关系的法律"，其既受制于当时的政治制度、社会治理模式，又有自己独立的发展轨迹。在解决民法概念的基础上，笔者又从政治、思想及经济三个层面论证传统民法存在的合理性，提出传统社会的"抑商"而非禁商政策为传统民法提供了生存的政策空间，儒家认可私利的思想为传统民法存续提供了思想基础，自然经济模式对商品交易的容忍为民法生存提供了经济空间。

2. 第二部分，论证传统民法渊源的二元性（第2章）

礼是中国古代最早的行为规则，刑是奴隶制国家社会治理的工具之一。西周时期周公制礼，实行礼治。随着王室力量的削弱，春秋战国时期，成文法取代礼而逐渐成为国家治理的主要工具，但秦朝的苛法导致政权二世而亡，世人深受其害而谈法色变。法律实践的历史证明，礼治抑或法治都难以实现社会的长治久安，必须将礼法有机结合，于是西汉中期的礼法合流应运而生。礼法合流根植于先秦儒家与法家观点的趋同，也迎合了中央集权的需要，成为此后传统社会基本的治理模式。礼法合流，使得成文的法——律令格式与非成文的法——儒家经典、风俗习惯并存，共同体现儒家礼治的

---

① 为行文方便，文中没有特别说明的"传统民法"即指中国传统民法、"传统社会"即为中国传统社会，此后不再赘述。

要求。传统民法的成文法形式与非成文法形式的并存，造就了传统民法渊源的二元性。

3. 第三部分，论证传统民法结构的二元性（第3章）

本部分从学界研究传统民法结构的误区入手，指出须从礼的"仁内义外"思想出发，来认识传统民法结构。在传统民法中，依照"仁内"的要求，婚姻家庭制度以孝为核心，实行差等原则，家长集权是其民事权利义务分配的基本模式；依照"义外"的要求，民事交易制度以"忠恕之道"为核心，实行平等原则，利益平衡是其民事权利义务分配的基本模式。两种对立的民事权利义务分配模式并存于传统民法之中，构成了传统民法结构上的二元性。

4. 第四部分，论证传统民法制度规则的二元性（第4章）

此部分分别论述了"仁内"的婚姻家庭制度与"义外"的交易制度。就"仁内"的婚姻家庭制度而言，父子关系以"孝道"为权利义务分配模式，实现父尊子卑，顺从、供养是孝道的基本要求，而母子关系作为父子关系的辅线而存在；夫妻关系是以"妇道"为权利义务分配模式，实现男尊女卑，三从四德是妇道的基本内涵，顺从与忠贞是妇道的基本要求。传统婚姻家庭制度本质上是以家内权利义务的失衡而追求家庭内外权利义务的总体平衡。就"义外"的家外民事法律制度而言，传统社会家庭之外的社会关系以田宅钱债为核心，围绕利益交换而展开，儒家道义精神的追求决定了儒家人际交往中的基本准则，也构成家外民事关系处理的基本原则。"己所不欲，勿施于人"，不强人所难的自愿原则成为和同的基本要求，签字与中人制度成为其制度表现；"以诚为信"而不欺诈的诚信原则成为民事交往的动机要求，契约公示制度、不动产登记公示制度、物勒工名制度、担保制度成为其制度表现；合理原则是民事交往的价值判断原则，度量衡与货币制度是其制度表现，"义利并举"而非"见利忘义"的儒家义利观是其思想基础；习俗原则是公序良俗道德追求的表现原则，"入乡随俗"是其行为方式合理性的要求。

5. 第五部分，论证传统民法架构二元性的根源（第5章）

此问题涉及传统民法架构二元性的原因，笔者从两个方面入手进行阐释：首先，家国同构模式是传统民法架构二元性的政治根源。在家国同构的社会治理模式下，家庭担负一定的政治统治功能，家长承担管理家庭成员、稳定家庭秩序的职能，国家的专制政体沿用于家庭，形成了家长集权的民事权利义务分配体系；而家庭之外，家庭具有经济主体的功能，在家庭间商品交易的过程中，根据价值规律的要求，法律须承认交易主体法律地位的平等。因此，传统社会以家为界限，家庭之内民事权利义务分配以差等为原则，家庭之外民事权利义务分配以平等为原则。其次，自然经济形态下商品交换的存在是传统民法架构二元性的经济根源。在自然经济条件下，再生产的进行需要家庭意志高度集中，必须以家长为核心；在商品交换过程中，交易主体自愿是前提，任何人不得将自己的意志强加于对方，平等是自愿的基本要求。总之，传统民法架构二元性是传统社会政治模式与经济形式共同作用的结果。

6. 第六部分，论证传统民法架构二元性的影响（第6章）

传统民法架构的二元性对于传统社会影响深远。在传统社会，由于家内与家外的法律规则不同，民事主体的权利义务也完全不同。"名分"决定民事主体参与民事活动的合法性。由于家庭成员在家庭内外的地位不同，民事主体在家内与家外的法律人格截然不同，家长是专制家长与谦谦君子的集合，而其他家庭成员则在家唯父命是从，在家外则是须被以礼相待的社会主体。对今天的中国法制建设而言，建构民法典须合理区分民事规则的适用范围，正确处理家庭规则伦理性与家外民事规则权益平衡性的关系；而在司法实践中，不能盲目强调依法判决，而是要充分发挥道德等非成文法的功能，努力做到民事纠纷的处理合情合理合法。

第四节　创新与不足

作为一篇初学者之作，笔者力求有所创新，其主要体现在以下两方面：

首先，就研究角度而言，笔者在法律史学者考证成果的基础上，一改以朝代为经线来研究中国传统民法的方式，立足于"汉代'《春秋》决狱'的盛行，将儒家经义不断应用于法律实践，奠定了礼法融合的基础。此后，以经注律、引礼入律的趋势继续发展，儒家思想不断渗透到法律中来"① 的论断，从唐朝至清朝的法律以儒家思想为准则的立法传统② 入手，将西汉之后尤其是盛唐之后的各朝民法视为传统民法的整体，将其中的各项制度视为儒家仁义思想的展开，提炼传统社会民法架构的共性——二元性，并探究以家为界限，实行内外有别的权利义务分配模式的法律特征。

其次，就研究内容而言，笔者努力挖掘传统民事法律制度中"礼"的灵魂。众所周知，自儒法合流之后，尤其是自《唐律疏议》颁布之后，礼成为此后历代王朝法律的指导思想，但学界对于"礼"融于传统社会民事法律具体制度的研究略显薄弱。本论著试图将法律制度史与法律思想史的研究成果有机结合，将法律思想史学界的研究成果嫁接于传统民法的制度研究之中，即将传统民法各项制度视为儒家礼治思想在民事领域的法律化，赋予传统

---

① 马小红：《中国法律思想史》，中国人民大学出版社，2010，第100页。
② 纪昀在《四库全书总目提要·政书类法令之属》提出"唐律一准乎礼，得古今之平，故宋世多采用之，元时断狱皆每引为据。明洪武初命儒臣同刑官进讲唐律，后命刘惟谦等详定明律，其篇目一准于唐"，如此唐宋元明法律的基本精神具有历史延续性，而清朝入关后的"参酌明律"，使得唐律精神得以延续至清。

民事法律各项制度以灵魂。

虽说"发掘传统的精华，使其成为现实法治建设的基石，比批判传统更重要"①，但是发掘传统亦非易事。由于功力有限，本论著依旧存在诸多不足：

首先，传统法律思想与传统民法具体制度之间的内在逻辑联系有待于进一步考证。从中国传统社会的法律来说，律令格式之中涉及刑事与行政方面的规则较完整，且法律体系化程度也较高，儒家思想的痕迹较为明显，古人论述亦较多。而与之相较，民事规则却极为分散，体系化不足，概括其基本脉络困难较大，同时古人对涉及"民间细故"的规则阐释相对较少，对民事规则与儒家思想的内在联系进行论述的则更少，本论著将传统民法制度与传统法律思想研究成果相连接的尝试尚处于探索阶段，论述难免有牵强之感。

其次，由于篇幅与时间有限，对于传统法律思想与传统民事法律制度的研究有待于进一步深化。中国传统法律思想与传统民法法律制度的内容十分丰富，史料更是浩如烟海，而笔者攻读博士学位的时间只有三年，加之知识基础薄弱、天资较愚钝，论点支撑材料的选择及史料的积累不够，论据选择或有不当，论述难免有肤浅之嫌。

以上不足，笔者力求在今后的学术研究中予以克服。

第五节　概念界定与命题解说

一　传统社会的概念界定

所谓的传统社会是指中国古代以农耕经济为基础、以礼治为特征、以家国一体的宗法制度为社会治理模式的封建社会。

---

① 马小红：《法治的历史考察与思考》，《法学研究》1999 年第 2 期。

　　中国的农耕经济发源较早，整个奴隶社会乃至封建社会都是以农业为立国之本。在以农耕为主的自然经济时代，家庭成为这一经济模式的基础单位，畜力成为家庭生产的主要动力来源，"鸡犬相闻"式的家族聚居方式以及大杂居模式成为传统社会人口分布的主要特征。这一特征沿袭至清末而未改，不同时间点的区别只体现在因战乱而改变的人口地域分布上。由于常年定居，人口流动规模较小且相互之间比较熟悉，费孝通将该种宁静的社会生活模式称为"乡土社会"。

　　与农耕经济、"乡土社会"相适应的是源于夏商而成形于西周的宗法等级制度。该制度以嫡长子继承制为基础，实行一夫一妻多妾、以家长为主导的家庭治理模式。家长对外承担全家的纳税、服役等国家义务，并获得家庭内的专制地位。妻儿作为家庭成员，受家长权威庇护，既是家庭成员也是家庭的特殊财产，除特殊历史时期外，基本上处于无权无财产无国家义务的"三无"地位，家庭成为其赖以生存的依托。夫贵妻荣、母凭子贵、一人得道鸡犬升天的政治共荣是传统社会宗法制度的表征。西周将此家庭治理模式运用于国家政权的建构与政治国家的治理之中，君王成为最大的宗主，其子侄等其他亲属分属各地，对君王承担类似家庭中子对父的孝敬义务，而自身在封地则为大宗主，受下一级的"孝敬"。宗族义务如此渐向基层延伸，直至平民一级。虽然该模式随秦朝鼓励农战、无功不受禄而有所改变，但西汉之后又重新恢复，并随七国之乱的平息而整合。虽然在北宋初期赵匡胤"杯酒释兵权"时，该模式有所改变，但家天下模式从本质上而言，沿用至清末未改。在家国同构的政治体制下，家庭治理模式被演化为治理天下的政治模式，帝王如家长般把持天下专断之权，"乾纲独断"；以仁义治天下成为其对外的借口，实则以家法牧百官、治百姓；"打天下坐天下"是其政权来源的基本模式，借助神权、借口"天子"为其政权提供合法性的依据。各级官吏对上尽忠君之职，以"文死谏武死战"为荣，对下却是管理百姓的"牧"官，代表国家管理地方。"为官一任造福一方"是其借口，享"父母官"之尊位、行父母之专权，而敛百姓之财是常态。在他们看来，帝王为大家的家长，百姓为其子民，天下为一姓之天下，"普天之下，莫非王土；率土之滨，莫非王臣"，王朝所及的子民与财物皆属于皇帝；官吏代表国家管理子民，享有代表国家处分属地内财产的特权。这或许是抑制中国古代私人财产制度发展的政治根源。

"礼事起于燧皇，礼名起于黄帝"①，礼经"服天命"的殷商改造而成形于周公制礼，后为春秋战国时期孔子等人阐释而形成儒家礼治思想。汉武帝时期董仲舒集诸子百家之精华，引礼入法，春秋决狱，三国魏晋时期儒生引经注律而至盛唐儒法实现合流，"一准乎礼"成为传统社会法律制定的基本要求。以此观之，从思想渊源角度而言，虽然对传统社会的界定争论颇多，但由于其思想来源于西周乃至更早，研究传统社会的思想不能局限于封建社会形成甚至唐朝之后，而应当上溯至西周甚至更早。故本书所论及的传统社会，没有具体时间界限，而是将以农耕经济为基础、以礼为治国方略、实现家国一体的等级制的时代都囊括其中。

二 民法与中国传统民法的概念界定

所谓民法，今日民法学界通说采用《民法通则》的规定，即："民法是调整平等主体的自然人之间、法人之间以及自然人与法人之间的民事权利和义务关系的法律规范的总称。"即使在《合同法》出台之后，针对部分学者关于其调整主体范围过窄的质疑，民法学界也只是将民法的概念微调为"调整平等主体之间的民事

① 《礼记正义·序》。

权利和民事义务的法律规范的总称"。依此概念，民事主体（自然人、法人和其他组织）须具有平等法律地位，民法调整的对象为民事权利与义务关系。民法的渊源包括法律、法规、条例、部门规章、习惯乃至法理和判例，呈现出开放性体系特征，即包括成文法与非成文法。

依此定义，可以说只有现代民法符合该定义的内涵与外延要求，即古代西方与古代中国一样不存在民法。因为，奴隶社会与封建社会时期的东西方各国都存在剥削阶级对被剥削阶级劳动的占有，都是不平等的社会：土地地主所有制、人格身份等级制；仅就家庭内部权利义务的分配而言，古代罗马存在家父权，古代中国存在家长权。等级制的社会结构决定了人类古代社会不存在现代意义民法生存的社会基础，也没有符合现代民法要求的民事法律规定。更何况近现代西方的民事法律，虽然表面上承认一切民事主体地位平等，但实际上至今都未解决男女平等问题，也不是完全意义上的、符合民法概念本质要求的民法。

但是，部分学者却认可等级社会的古代西方存在着古代民法，并将民法的渊源归纳为产生于奴隶社会时期的罗马法，将西方民法划分为古代民法、近代民法和现代民法三阶段；与此同时，他们以我国古代社会的民事主体地位不平等为由，否认我国传统民法的存在。此为民法界定标准上的双重性。

笔者以为，民法作为私法的一种，在民商合一的古代中国乃至今日，其只是调整民事主体之间私人利益的法律规范。政治上的不平等、法律人格上的不平等只能说明其民事主体权利能力与民事行为能力范围的大小，否则就无法解释看似毫无法律地位、只能称为"会说话的工具"的奴隶代表主人参与市场交易活动的历史事实，更无法解释充斥史卷的被称为"贱民"的奴婢为个人生活需要或受主人安排参与商品买卖的记载（当然其自身作为交易的对象被买卖或赠与的事实也不可否认），也无法解释"赏钱"对"下人们"的意义。

既然民法具有时代性，那我们只能在认可古代社会存在政治上等级制的基础上，发掘符合现代民法要求的合理内核，将有关商品交易规则、婚姻家庭规则等涉及民事权利义务分配的规则视为民法。依此概念，民法概念可以定义为涉及个人福利的法，即"一切涉及私人利益的法都是民法"，将直接涉及个人福利的法律规则视为民法。而中国传统①民法亦须以此法加以定义，而暂且不论其编纂结构与体系是否具有完整性。

依叶孝信先生观点，中国传统民法，就成文法而言，"指的是清末法制改革以前的中国民法"；② 就法制实况而言，则要延续到民国时期，乃至更后。而笔者认为，严格意义上的中国传统民法应该是实质意义上的，而非仅限于成文法。由于法典编纂习惯及立法者关注焦点的差异，中国传统社会更关注国家机器的建构及其职能划分，即政府机构的完善，以及对于犯罪行为的打击，故传统中国的成文法典大多为行政法典与刑事法典。而涉及"民间细故"的民事法律规则，尽管在律令格式中有所规定，甚至也通过《户例》予以规定，但就总体而言，"官有政法，民从私约"是立法的基本态度，民事纠纷更多地依赖"礼"、习俗、宗族法以及习惯等不成文法来调整。中国传统社会没有制定过如《法国民法典》《德国民法典》般的成文民事法典，故从成文法角度而言，中国传统社会没有民法。但若从实质意义的角度考察，中国传统社会中调整私人利益关系的法律即为传统民法。

---

① 依照《大词典》（台湾三民书局，1985）的解释，传统既可指世代相袭，也可指一种历时持久、在某一社会或地区所不断传递的信仰、观念、习俗、艺术、文化或制度。

② 叶孝信主编《中国民法史》，上海人民出版社，1993，第30页。

　　秦朝实行"焚书坑儒"的政策，采取严格法治的做法。实行"黄老之术"的西汉在经历"文景之治"后，"罢黜百家，独尊儒术"，此后更是成为延续至清末的各朝代的基本治国方略，社会治理的指导思想是礼而非法。在这一阶段，通过董仲舒开始的"春秋决狱""引经注律"，"礼"① 的精神浸淫于其法律之中，"'礼'是法的设立和实施的最终依据，是法的价值观与精神之所在"②，法与礼具有高度的同一性。科举制度下的儒生官吏以儒家经典要义来解决民事纠纷，追求合情合理与合法是帝国地方官吏处理民事纠纷所追求的目标。礼法的高度统一决定了合"礼"的司法结果就是符合帝国法律要求的结果，更何况民事规则更多授权性而非强制性规则的特征也为司法官员依礼断案提供了空间③。因裁判纠纷的地方官吏同时担负着教化地方、敦厚风俗的重任，执法者与教育者、管理者身份的合一，为儒家伦理道德的普及提供了便利条件。私塾教育与宗法族规的约束更为儒家的"礼"成为普通民众处理人际关系（包括民事关系）的基本规则奠定了社会基础。崇拜孔子、讲谈圣人之道并非只属于上流社会，"布衣草民对孔子、孟子更是崇敬有加"④，儒家思想也成为了普通民众的行为准则。总之，礼是这一阶段中华帝国封建法律、司法官吏裁判标准及社会主流价值观共同的参照系。"礼不仅设定了父子有亲、君臣有义、贵贱有等、长幼有序的最高行为的和道德的标准，也为社会各阶级、阶层

---

① 礼除了历代制定的《礼典》之外，秦汉以后所说的礼，一般指以《周礼》《礼记》《礼仪》三部礼经（"三礼"）为代表的古礼。"三礼"的内容、结构、规模相对稳定，有些观念、行为规范不尽适应后世封建专制社会的实际情况。参见叶孝信主编《中国民法史》，上海人民出版社，1993，第24页。

② 曾宪义、马小红：《试论古代法与传统法的关系》，《中国法学》2005年第4期。

③ 马小红教授认为儒家的价值观在法律的表达中得以充分的体现，而在法律的运作中所起到的作用则是导向性的，价值观决定着法的善恶，决定着法律的发展方向。参见马小红《试论价值观与法律的关系》，《政法论丛》2009年第3期。

④ 马小红、于敏：《中国传统德治与法治的思考》，《法学》2002年第9期。

规制了一般的行为规范和是非观念。"① 但是，清末时期由于西方列强的政治、经济及军事的入侵，中国宁静的自然社会已经被破坏或已经出现裂痕，寻求收回领事裁判权的努力使得民事法律中渗透进了西方民事法律的精神，法律已经开始西化，不再是完全意义上的传统民法，故笔者不赞同叶先生将传统民法界定到民国乃至更后的做法。笔者所主张的传统民法，就时间跨度而言，应始于西汉"文景之治"而终于清末变法。由于礼起源于远古，周公加以规范化，孔孟等人于春秋战国时期进行整理，其构成儒家思想的核心内容，故追根溯源，中国传统民法的立法思想理应将先秦儒家纳入其中。

总之，对中国传统民法应做如下定义：以儒家思想为指导，以礼治为基本模式，以不成文法为表现形式，调整由西汉"文景之治"到清末变法之间的中国封建社会私人利益关系的民事法律规范总称。可以说，中国传统民法是礼的法律化，是"自给自足的农业经济、中央集权与'大一统'文化传统的产物"②。

三　中国传统民法二元性的概念界定

尽管有学者从制度文明的角度出发，认为中国传统法律的渊源具有大小两个传统，即韩非子所称"宪令著于官府"③ 的法律与流布于民间的习俗和道德等④。本书所称的传统民法架构二元性则是指传统民法秉承"一准乎礼"的立法传统，坚持礼之"仁内义外"的要求，按照"内外有别"的法律思维建构自身体系，并以此调整传统社会的民事法律关系。

就法律渊源而言，传统民法将成文法的律令格式与非成文法的

---

① 张晋藩：《论礼》，《社会科学战线》1998 年第 3 期。
② 曾宪义、马小红：《试论古代法与传统法的关系》，《中国法学》2005 年第 4 期。
③ 《韩非子·定法》。
④ 谢晖：《法治的法律：人性的道德》，《法律科学》1997 年第 5 期。

风俗习惯、儒家经典等形式有机结合，在婚姻家庭、田土民宅、契约买卖等领域，坚持私法的意思自治原则①，以成文法②来维护根本性的民事利益，并广泛适用儒家经典、风俗习惯等非成文法。

就传统民法结构而言，实行家内与家外分治的模式。在家庭之外以平等为基础性原则，遵循"己所不欲，勿施于人"的精神，坚持自愿、诚信、合理等原则，保证民事利益交换过程中民事主体利益自我考量权利，体现了商品交换的本质要求；而在家庭之内以差等为基础性原则，遵循"百善孝为先"的精神，坚持孝道与妇道原则，保证家庭生活中的伦理规则，维护家庭的团结与稳定，体现了自然经济的本质要求。

就制度展开而言，实行利益性规则与伦理性规则分离。调整家庭内部关系的民事规则注重伦理性，婚姻制度、继承制度、家庭财产制度及父母子女关系的处理坚持孝道与妇道，以实现"仁孝"的目的；调整家庭之外关系的民事规则注重利益平衡，传统民法的契约制度、担保制度、物勒工名制度、中人制度、度量衡统一制度始终围绕诚信原则而展开，而禁止欺行霸市和强买强卖则是围绕自愿原则展开，一本一利制度是依照合理原则而展开，以实现"仁义"的目的。

传统民法架构的二元性，统一于礼，而付诸天理国法人情统一的司法实践中，传统司法官在坚持礼之精神的前提下，享有选择适用传统民法相应法律渊源的权利，以维护社会秩序。世人亦秉承礼的仁内义外要求，在婚姻家庭领域与家外民事交易活动中呈现出"内外有别"的人格特征，"名分"成为传统社会民事行为合理性的前提要求。

---

① 其中婚姻家庭的意思自治是以家庭为单位而非以个人为单位。

② 传统民法融于中国传统社会的刑事法典之中，而没有独立的、成文的民事法典。

第一章　传统民法架构二元性的前提

要解决传统民法架构的二元性问题，必须首先承认中国传统社会存在着传统民法，唯有在传统民法存在的前提下，才可能涉及中国传统民法架构的二元性问题。

第一节　传统民法存在与否的争论

在研究传统法律文化的过程中，"中国法传统有没有民法"是学界必须回答的问题。学者们立场各异①，概而言之，主要形成否定论与肯定论两种观点。②

一　否定论观点及其分析

（一）否定中国传统民事法律存在的主要观点

否定中国传统社会存在民法的观点由来已久。孟德斯鸠在其巨

---

① 杨立新先生在《中国百年民法典汇编·代前言》中对比亦有论述。参见杨立新编《中国百年民法典汇编》，中国法制出版社，2011，第 2~6 页。

② 潘维和将 20 世纪 80 年代以前的意见分成了四类，即：梅仲协先生为代表的肯定说，梁启超为代表的否定说，杨鸿烈、戴炎辉、胡长清、杨幼炯、徐道邻、张镜影、林咏荣、浅井虎夫等法学名家为代表的民刑合一说，以及陈顾远、史尚宽等先生为代表的民法与礼合一说（参见俞江《关于"古代中国有无民法"问题的再思考》，《现代法学》2001 年第 6 期）；周伟将学术界的观点大致分为三种典型立场：以梁启超和王伯琦为代表的否定派，以杨鸿烈、戴炎辉和胡长清为代表的"固有民法"派，以蔡元培、史尚宽和陈顾远为代表的民法与礼俗合一派（参见周伟《学科规训下的"中国法传统有没有民法"问题》，《中南大学学报》（社会科学版）2011 年第 2 期）。

著《论法的精神》中指出：中国历史上把法律、风俗和礼仪混淆在一起，习俗代表法律，"而他们的礼仪代表他们的风俗"①。于国内而言，早在清末的 1898 年 8 月，维新派代表人物康有为就指出我国法律与其他国家不同，"且吾旧律，民法与刑法不分"②，商法与海商法空缺。而另一维新派代表人物梁启超认为我国法律发展历经三千年，法律之多可谓汗牛充栋，"而关于私法之规定，殆绝无之"③。当时的大理院正卿张仁黼亦指出："中国法律，惟刑法与民法不分，尤为外人指摘。"④ 日本学者滋贺秀三、寺田浩明等亦提出中国古代没有民法的命题。此后不少学者视"中国自古没有民法"为定论。

房绍坤先生认为中国古代法典中虽然规定了户、婚、钱债、赔偿等规则，但基于经济、政治与思想等方面的原因，中国古代社会民法观念不发达，民法中的平等、自由、权利等观念一直没有形成，也没有成文的民法典，且民刑不分、以刑事责任代替民事责任，故"本质上仍属刑法规范"⑤。

谢怀栻先生提出："我国自古没有民法。清末变法，学习西方制度，开始制定民法，但未及成功而清朝亡。"⑥ 在他看来，中国传统社会没有民法，我国民法制度应始于清末变法制定《大清民律草案》，但又由于清政府覆灭而中止。

青年学者俞江从规则体系出发，认为只有存在一套民法学的

① 〔法〕孟德斯鸠：《论法的精神》，许明龙译，商务印书馆，2006，第 297 页。
② 康有为：《请开制度局议新政折》，载汤志钧编《康有为政论集》，中华书局，1981，第 352 页。
③ 梁启超：《论中国成文法编制之沿革得失》，载梁启超《饮冰室合集·文集之十六》，中华书局，1960，第 52～53 页。
④ 《大理院正卿张仁黼奏修订法律请派大臣会订折》，载故宫博物院明清档案部编《清末筹备立宪档案史料》，中华书局，1979，第 835 页。
⑤ 房绍坤：《中国民法的历史、现状与未来》，《山东法学》1997 年第 6 期。
⑥ 《大陆法国家民法典研究》（二），载易继明主编《私法》第二辑第一卷（总第 3 卷），北京大学出版社，2002。

"确认机制"或"区分规则",才有民事现象被发现、被认识的可能性,"民法才有了生命常青的基础"①。在他看来,古代中国虽然从国家法层面上出现过一些民事规则,但拘于历史的局限性,从来没有被整理、归纳、分析和编纂,既没有在此基础上产生一种研究方法论和一套解释的学说,"也就无一种可以谓之为'民法'或私法的属性"②。在他看来,普遍的民事关系只是作为事实被动地为国家接受,而处理民事纠纷方面的规则处于混沌模糊的自然状态,缺乏自觉的分析和总结,"也不能总结和提升出与刑律平行的概念"③,更不能与民事秩序勾连,从而构成更为复杂的法学体系。

梁治平先生认为在中国古代社会,尽管存在着一般意义上的私有经济形式,存在着我们今天名之为"民事"的种种关系,但是并未产生出可以称之为"私法"或"民法"的那部分法律。虽然这类关系也受法律的调整,但调整这类关系的法律并不具有私法或民法的性格。"数千年来中国只有一种法律,那就是'刑律'。"④它以内在的道德评判与外在的刑罚等级相配合,构成一张包罗万象的大网,在他看来,中国古代没有民事与刑事、私生活与公共生活之分,"只有事之大小,刑之重轻"⑤。

（二）对否定论的分析与批判

1. 持否定论者判断古代社会民法存在与否的标准具有双重性

通说认为,民法是调整平等主体之间人身关系与财产关系的法律规范总和,人格平等、意思自治、个人本位是现代民法的基本特征。但中西方古代社会的"民法"并不具备这些特征。古罗马法中的《十二铜表法》包括传唤、审理、索债、家长权、继承和监

---

① 俞江:《关于"古代中国有无民法"问题的再思考》,《现代法学》2001年第12期。
② 俞江:《近代中国民法学的私权理论》,北京大学出版社,2003,第11页。
③ 俞江:《近代中国民法学的私权理论》,北京大学出版社,2003,第34页。
④ 梁治平:《寻求自然秩序中的和谐》,中国政法大学出版社,2002,第262～263页。
⑤ 梁治平:《寻求自然秩序中的和谐》,中国政法大学出版社,2002,第262～263页。

护、所有权和占有、私犯、公法、宗教法及前后五表的追补。就其内容而言，《十二铜表法》以私法为主要内容，涵盖了刑法、诉讼程序和宗教规条等内容，不仅民刑不分、实体法与程序法不分，而且宗教法与世俗法也不分，"具有古代法诸法合体的特点"①。同时，该法律规则规定了家长对家庭成员、奴隶主贵族对奴隶具有人身的支配权，强调了身份上的支配关系及人格的不平等，"有自权人与他权人之分"②。而作为西方民法发展过程中的一个重要组成部分，公元5世纪至9世纪盛行于西欧早期封建时期、适用于日耳曼人的日耳曼法在其部族法时代（中世纪初期）、封建法时代（中世纪以后至13世纪）和都市法时代（13世纪至罗马法复兴）等三个历史时期中，奉行团体本位而非个人本位，"盖日耳曼之法律思想，系注重团体关系"③，认为个人乃全体的有机组成部分，个人的权利是为全体之利益而存在的。以人格平等、意思自治为原则的近代民法，是经过17、18世纪的发展，于19世纪欧洲各国编纂民法典之时获得定型化的一整套民法概念、原则、制度、理论和思想体系。其发展趋势"则是契约和产权观念的变化——也就是订立可强制履行的契约的自由之逐步确立，以及产权之走向绝对化，即它之脱离所有其他社会因素，称为纯粹属'个人'与'物'之间的关系"④。也就是说，西方民法经历了由诸法合体到民刑分立、由人格分等到人格平等、由家族家庭本位到个人本位的发展过程。

西方古代社会的民法与中国传统民法一样并不具备现代民法的诸多特征，只不过中国古代的民事法律在17、18世纪并没有如西

① 林榕年、叶秋华：《外国法制史》，中国人民大学出版社，2005，第77页。
② 王利明：《民法总则研究》，中国人民大学出版社，2003，第74~75页。
③ 郑玉波：《民法总则》，中国政法大学出版社，2003，第11页。
④ 〔美〕泰格、利维：《法律与资本主义的兴起》，纪琨译，学林出版社，1996，第5页。

方那样完成立法层面上的强调人格平等与个人本位的转变。但是既然我们承认自罗马法产生至 17 世纪之前的具有民刑不分、诸法合体、以刑罚为主要制裁手段特征的西方古代民事法律为民法，则意味着具有同样特征的中国古代民事法律也应被承认为民法。持否定论观点的学者认可等级社会里西方古代民法的存在，却以现代民法的平等特征为标准来否定中国传统社会民法的存在，其标准具有双重性。

2. 持否定论者在中国传统民法存在与否的问题上犯了形式主义的错误

西方学界对于民法的理解是从实质与形式两个维度展开的。一般而言，西方学者更多的是从实质含义上来理解民法或私法的，是在个人与国家对立的基础上进行分析和认定的。他们认为私法是涉及个人福利的法，以个人福利为最高原则，从调整私人之间的关系入手，为个人利益确定条件和界限。西方各国都在这一意义上继承和发展了私法，民法学理均以直接涉及个人福利作为其实质含义：一切涉及私人利益的法都是民法①。当然西方学理有时也在形式意义上或狭义上使用"民法"一词。形式意义上的民法，指命名为民法典的特定制定法。民法典是按照一定的科学结构，系统地把涉及民事关系的各项规范和基本制度有机编纂在一起的立法文件。依照上述标准，大陆法系国家基本采取成文法典的形式颁布自己的民法，具有代表意义的应是 1756 年颁布的《巴伐利亚民法典》、1804年颁布的《法国民法典》以及 1900 年颁布的《德国民法典》。可以说，大陆法系国家的民法是实质意义与形式意义统一的民法。与此相应，尽管英美法系国家以判例法为主，并不追求成文法典的形式，但他们也通过单行法的形式颁布各种民事法规，学界并不因此

---

① 龙卫球：《民法总论》，中国法制出版社，2002，第 16 页。

而否定普通法系国家民法的存在，说明他们更多的是站在实质意义的角度来看待民法的存在与否。而在分析我国传统社会时，他们却将形式意义上的民法视为判断民法存在与否的标准，并因不存在民法典而认定中国传统社会不存在民法，以致落入了形式主义的窠臼。

3. 持否定论者在中国传统民法存在与否的问题上犯有历史虚无主义的错误

人是社会的人，在任何社会都须与外界发生联系。人们之间的交往行为包括普通交往行为和涉及权利义务分配的民事行为，传统社会亦不例外。人们通过参与民事活动获取自己所需的生活资料与生产资料，此活动即为民事行为。其中既有能够在当事人之间形成权利义务分配的民事法律行为，也包含法律不予认可的侵权行为。为了保证民事行为的效力，规范、约束人们之间的民事活动，保证社会的和谐，国家颁布了各种形式的规则，确认合法民事行为的效力，打击损害他人利益的民事侵权行为，对此历代概莫能外。在现存的完整法典中，无论是《唐律疏议》《宋刑统》《元典章》，还是《大明律》《大清律例》，都包含着大量以刑事法律为表现形式的民事规则，至于各朝的诏令、条例等具体实施规则，其中更是充斥着大量事关契约制度、中人制度、担保制度等内容的民事法律规则。为了便于审理有关民事纠纷的案件，中国传统社会甚至出现了专门负责民事事务的幕僚——钱谷师爷，产生了特定的诉讼程序——"诉"。否定论无视传统社会存在民事活动的事实及典籍中民事规则的大量存在，而纯粹从法典形式的角度出发，否定传统民法的存在，犯了历史虚无主义的错误。

二 传统民法肯定论及其分析

传统民法肯定论与传统民法否定论长期存在，光绪三十三年（1907 年），当时的户部在其奏章中说："中国律例，民刑不分……

历代律文户婚诸条，实近民法"①，虽然此说是从法典结构着眼，但确认了中国古代存在着民法。此后诸多学者站在不同的角度对此进行了论证。杨鸿烈先生在其宏著《中国法律发达史》中将中华法系的发展划分为胚胎、成长与欧美法系侵入等三个时期的同时，将中国古代各个朝代的民事规则单列，径直以"民法"概括各朝的民事法律规则，并依照罗马法的体系将之划分为人之法与物之法，其中人之法包括行为能力、身份、婚姻、承继、养子等内容，物之法包括物权部分（涉及所有权、质权等内容）与债权部分（涉及买卖、借贷等内容）。陈顾远、潘维和等先生认为，传统社会的"礼"发挥着民法的功能，是实质意义的民法。当代学者对此问题的研究成果颇丰，主要见于以下几位学者的观点之中。

胡长清先生直接指出散见于刑律之中的《户律》就是民法，"然所谓户役、田宅、婚姻、钱债者，皆民法也"。② 即其认为中国古代虽然没有形式民法（formal civil law），但是存在实质意义的民法（civil law in substantial sense）。

杨一凡先生从律令格式、判例等传统法律形式入手，具体分析了秦、汉、晋、梁、隋、唐、明诸朝的律典、令典以及唐、宋、西夏、元、明、清诸朝的代表性法律和法律文献的编纂结构，指出："无论是从各种形式的法律的内容或结构看，所谓'诸法合体、民刑不分'说都不能成立。"③ 在他看来，从先秦到明清的历朝历代法律，贯彻着民与刑有分的立法原则，民事法律与刑事法律具有不同的功能。

---

① 《光绪朝东华录·三十三年五月辛丑》，中华书局，1958。
② 胡长清：《中国民法总论》，中国政法大学出版社，1997，第16页。
③ 杨一凡：《中华法系研究中的一个重大误区——"诸法合体、民刑不分"说质疑》，《中国社会科学》2002年第6期。

　　张晋藩先生运用现代民法的基本理论知识，借助潘德克顿学派物权、债权、人格权、婚姻继承以及侵权法的编排体系，将传统民事法律的内容按照中国历史的变迁进行了分门别类，并进一步提炼出各个时代民法的基本原则。张晋藩先生认为："法典的结构与法律体系是完全不同的概念，……断言中国古代只有刑法，没有民法，无疑是混淆了法律体系与法典结构两个不同概念所致。"①　在张晋藩先生看来，"中国古代虽然没有严格的近代意义上的民法典，但是却不能说中国古代不存在民事法律"②，其中夏商西周属于古代民事立法的雏形阶段，秦汉至唐是古代民事立法的确立阶段，宋至明清为古代民事立法的发展阶段③，而清朝的《大清律例》中户例的例文增加与《户部则例》的编纂与颁行则表明清代民事法律在制度方面进步明显，而"不能用近现代的民法观点去衡量中国古代的民事法律"。④

　　孔庆明、胡留元、孙季平等学者认为，中国古代社会有过三个商品经济比较发达的时期，即古典商品经济发展时期、封建社会内部的商品经济发展时期、向近代意义转化的商品经济时期，这三个时期也是中国民事法律制度兴盛发展的时期。虽然中国古代社会并没有产生完整的民事法典，但却采取了契约、判例、礼法、诸法合体的法典、诏书条令等表现形式，民事法律关系中的物权、债、契约、主客体概念也都齐备无遗，"可以断言，说中国古代没有民法是不符合事实的"⑤。

　　以李显冬、黄宗智为代表的学者，从民法的渊源入手，详细阐述了中国古代民法的特征及其实施过程中呈现的特点。李显冬先生

---

① 张晋藩：《中国法律的传统与近代转型》，法律出版社，2009，第254页。
② 张晋藩：《〈户部则例〉与清代民事法律探源》，《比较法研究》2001年第1期。
③ 张晋藩：《论中国古代民法研究中的几个问题》，《政法论坛》1985年第5期。
④ 张晋藩：《从晚清修律官"固有民法论"所想到的》，《当代法学》2011年第4期。
⑤ 孔庆明等编著《中国民法史》，吉林人民出版社，1996，第2页。

认为："从实质意义上的民法渊源的角度来看问题，就不但可以发现中国古代固有民法的实在体系，而且能够概括出其特有的调整模式。"① 只要我们不拘泥于那种僵硬、狭隘和陈旧过时的实证主义的法律定义，就可以发现在"诸法合体、民刑不分"编纂结构下的中华法系中，古代民法具有渊源的多样性特征。黄宗智则从满铁、巴县及台湾淡水档案入手，指出中国古代民事法律实践属于"实用道德主义"，"并不强求以法律推理的方式将所有的司法判决都归入其道德前提之下"②，而是以儒家伦理道德为口号，实则坚持依法判决民事纠纷。

此外，学界对中国古代民法的具体制度研究的成果更多，不胜枚举。他们的研究进一步充实了中国传统社会的民事法律规则，逐渐勾勒出中国古代民法的概貌。

肯定论以史料为基础，通过多种研究方法，描绘了中国几千年的乡土社会民事活动的镜像，深刻地揭示了传统民事法律各项具体制度在社会生活中运行的路径，为我们还原传统民法的运行提供了必要的资料，也为进一步研究传统民法奠定了基础。但是，这些研究依旧存在以下不足：

首先，注重制度本身的考证，但对传统民法具体制度与儒家思想之间的内在联系研究不够。

中国传统社会的民事法律主要包括国家制定并颁布的律令、诏令与民间自发形成的惯例、风俗等渊源，其拥有自己的建构思维基础。中国传统社会倡导礼治，儒家的"礼治""德治"思想把持中国封建社会几千年，其对于中国传统社会的影响不言而喻。法家

① 李显冬：《试论中国古代固有民法的开放性体系》，《杭州师范学院学报》（社会科学版）2003年第3期。
② 〔美〕黄宗智：《过去和现在——中国民事法律实践的探索》，法律出版社，2009，第155页。

"人性恶"的理论虽然为儒家所批判，但其"重刑"思想与孔子"宽猛相济"的思想、荀子"隆礼重法"的思想具有异曲同工之妙，在董仲舒提倡的"罢黜百家，独尊儒术"的运动中，法家与儒家思想融合。犹如房玄龄所云："德礼为政教之本，刑罚为政教之用"，传统社会"内法外儒"的统治策略已为学界所接受。此外，虽然道、墨、阴阳、杂、兵等学派随着历史的演变而被埋没，但其思想精髓亦为新儒学所糅合，共同影响着中国传统法律（包括传统民法）的建构。虽然学界分析了儒法等诸子百家的思想对于中国传统社会刑事法律的影响，但由于史料及古人论述的缺乏，持肯定论的学者围绕上述思想对于传统社会民事法律的影响却着墨相对较少，围绕诸子百家尤其是儒家思想对传统民法具体制度建构方面的影响论述不够。

其次，注重对传统民法规则本身的研究，而对传统民法婚姻家庭规则与财产交易规则建构基础的区别分析不够。

依照现代西方民法学的研究方法，传统民法包括总论、物权、债权、婚姻家庭继承以及侵权等部分，具体而言包括以家庭成员之间权利义务分配为内容的婚姻家庭法律规则和以与家庭之外的社会成员之间权利义务分配为内容的债权与物权规则。现代民法虽然也承认婚姻家庭规则具有伦理性，但其通常以平等性而非伦理性为建构基础。而中国传统社会则不同，其作为一个伦理社会，伦理性渗透于婚姻家庭法律规则的全部并成为其建构基础。虽然传统民法也要求社会成员之间的交往行为（包括利益归属与利益交换行为）符合伦理道德，但对家庭成员之间的权利义务分配更多强调伦理性，并在历朝法典中予以详细规定，而家庭之外的民事法律规则规定得相对简约。

持肯定论的学者虽然依照中国传统的表达方式，将传统民法分为户婚田土等部分，并采用断代史的分析方法，提出了类似于契约自由、瑕疵责任、权利担保、公平守信以及国家所有权至上等民法原则，却没有揭示出传统民法中家内、外两个部分建构基础的区别，没有发现传统民法实行"内外有别"的思维结构——家庭之外民事规则建构于平等性基础之上，家庭内部民事规则建构于封建等级制或宗法制的伦理性原则基础上。实际上，传统民法的具体制度呈现出"分裂"的特质，既有简单商品经济下交易的平等性与自愿性，也有等级社会权利义务的不平等性。学界对二者的综合比较略嫌不够。

最后，注重对各朝民事制度之间的区别研究，对传统民法具体制度的精神延续性研究不够。

法律是社会经济关系的反映，作为私法的传统民法也如此："……私法本质上只是确认单个人之间的现存的、在一定情况下是正常的经济关系。"① 中国传统社会是以自然经济为基础并糅杂着商品交换的等级社会，延续几千年而不改的经济模式必然反映于民事法律之中。纵观传统民法的发展脉络，我们可以发现，其具体制度代有损益，但总体的精神内核没有根本性的改变。其中的婚姻家庭制度始终以宗法制或等级制为核心，三纲五常始终是根本；契约交易制度始终坚持商品交易所必须遵循的诚信、自愿、合理、公平等价值理念。但持肯定论的学者似乎在此问题上着墨较少，或许为一缺憾。

总之，近年来学界逐渐摆脱梅因提出的"中国没有民法"的观点的影响，肯定传统民法存在的观点逐渐成为学界主流。但是，学界对传统民法建构的思想基础研究不够，对传统民法具体制度之间的本质联系揭示不够，对传统民法建构的思维模式探讨也不够，尚待吾辈学人继续努力。

---

① 〔德〕恩格斯：《路德维希·费尔巴哈和德国古典哲学的终结》，载《马克思恩格斯选集》第 4 卷，人民出版社，1995 年第 2 版，第 253 页。

第二节　传统民法存在的合理性

一　传统民法存在的前提：民法概念的回归

法国 18 世纪伟大思想家伏尔泰预言："对中国的礼仪的极大误会，产生于我们以我们的习俗为标准来批判他们的习俗，我们要把我们的偏执的门户之见带到世界各地。"① 如伏尔泰所云，在殖民扩张的过程中，殖民者将自己的价值观带到了世界各地，他们将以国力论文化优劣的习惯性思维强加给当地居民，用欧洲的模式来衡量文明与野蛮、进步与保守，将一切与西方不同的思想文化、法律制度统统视为落后与野蛮，并由此确立西方在世界舞台的话语权。而在饱受屈辱并沦为殖民地半殖民地的中国，许多仁人志士放眼看世界，向西方探索强国富民、救亡图存之路并取得成功，但由此也确立以西方为师的文化传统，知识谱系以西方的标准为标准，忽视了知识的民族性。这一习惯性思维影响着学界部分学者对传统民法的认识。他们依照西方社会发展的轨迹来衡量我们的历史，以西方对近现代民法的认识标准来衡量我们的传统民事法律规则，并得出中国历史上没有民法的结论。虽然近年来学界不少有识之士开始意识到该问题的不合理性，但更多的只是进行了史料的考证，并肢解传统民事法律规则，以附会潘德克顿体系，试图通过证明中国传统社会存在与西方相对应的民事制度来证明传统民法的存在。此方式自觉不自觉地陷入了"西方中心论"的陷阱。要判断中国传统社会是否存在民法，首要问题是必须恢复民法概念的本意并对民法的

---

① 〔法〕伏尔泰：《风俗论——论各民族的精神与风俗以及自查理曼至路易十三的历史》上册，梁守锵等译，商务印书馆，1994，第 221 页。

概念重新界定。

　　"民法"一词在我国《尚书孔氏传》中就已出现，但与今人所称民法含义完全不一样。据考证，私法意义上的民法一词出现于明治时代的日本，至于日本是译自荷语还是法语则莫衷一是①。20 世纪初期，上海南洋公学译书馆将《日本法规大全》（日本明治三十四年即 1901 年第 3 版）译成中文，其中第三类法规为"民法"。光绪三十二年（1906 年）修订法律馆参照南洋公学译本完成《新日本法规大全》的翻译，对系统化的私法法典亦采用"民法"之称谓。②

　　鉴于东西方文化的差异，"民法"概念自传入中国即已引发歧义。西方传统理解民法或私法的实质含义，是在个人与国家对立的基础上进行的。依照罗马法的观点，私法是涉及个人福利的法，直接以个人福利为最高原则，调整私人之间关系的路径就是为个人利益确定条件与界限。因此在实质意义上使用民法或私法术语时，民法学理都是以直接涉及个人福利作为其实质含义，即"一切涉及私人利益的法都是民法"。③ 早期的学者对此认识较清醒，中国近代著名民法学家邵义先生作为我国最早的日本法科留学生之一，认为"民律专规定私人相互间之法律关系为主"，但其同时提出，"我国素无单纯民律，征之历史，惟有习惯与条理二种"。④ 此论无疑陷入了形式主义的泥坑。

　　实际上，中国传统社会与西方古代社会有着截然不同的社会构造。就西方私法的鼻祖——罗马法的形成过程而言，早在公元前 6

----

① 佟柔认为日本明治维新时代修订法律，从荷语用汉字译为"民法"。参见佟柔《佟柔文集》，中国政法大学出版社，1996，第 59 页。

② 张生：《民国初期民法的近代化——以固有法与继承法的整合为中心》，中国政法大学出版社，2002，第 4 页。

③ 龙卫球：《民法总论》，中国法制出版社，2002，第 16 页。

④ 邵义：《民律释义》，王志华勘校，北京大学出版社，2008，第 3 页。

世纪前后，古罗马平民就已通过长期斗争，迫使氏族贵族做出让步，改革权利分配方式，通过设立百人团、成立百人团会议等方式，为平民参与法律制度与司法实践提供了路径，并由此奠定了罗马法的市民特征。而共和国时期（公元前6世纪—前3世纪）的前150年中，罗马内部两大阶层——贵族和平民之间斗争激烈，罗马法的成文化亦是为了满足此斗争的要求，平民会议为罗马法体现罗马市民的意志提供了保障。公元前462年，代表贵族利益的元老院迫于压力，通过了平民保民官特兰提留要求编纂成文法典的提议。经过民众大会通过，标志着平民胜利并反映了平民意志的《十二铜表法》在罗马广场得以公布。此后又通过一系列胜利，公元3世纪前后罗马平民"在政治、经济、法律上取得了与贵族平等的地位"[①]，市民获得了完全意义的公民权。罗马的自由民与贵族主导的政治国家长期对抗，罗马社会由此被自然地分裂为自由民社会与政治国家。在罗马，自由民与贵族长期斗争，借助成文法的形式将妥协结果固定，使得成文法演变为自由民捍卫自己权利的工具。但是，与之相比较，在古代中国的先秦时期，无论是在夏商周还是在"礼崩乐坏"的春秋战国，平民从未作为一支独立的社会力量与王权抗衡，"普天之下，莫非王土；率土之滨，莫非王臣"是当时社会权利分配的基本模式，王权控制着国家政治、经济、军事等各项权利。自秦始皇实行政治"大一统"，在此后的历朝各代，百姓只是赋税的承担者而不是社会政治活动的参与者，即使开明帝王意识到"水能载舟亦能覆舟"，平民也只是官员仁爱与庇护的对象。回顾中国五千年的历史，只有王朝更迭而无社会分裂，君主之权在历史的长河中并未被削弱，反而越来越得到强化，家国一体的治理模式并未发生根本性改变。

---

① 曾尔恕：《外国法制史》，中国政法大学出版社，2008，第50页。

　　分裂的西方社会注重运用法律制约王权、协调平民内部利益关系，以维持社会的稳定，罗马法由此具有了公法与私法、市民法与长官法之分。其中私法调整平民之间的利益关系；公法调整平民与政治国家之间的关系，限制国家及其机关的权力成为公法的立法目的。通过历次的斗争，取得胜利的市民不断扩展自己的权力，私法调整的范围不断扩大，公法的调整范围随着民主政体的完善、封建君主权力的缩小而不断缩小，捍卫正义、保障权利实现成为西方法的精神。而在中国古代社会，立法权由帝王控制，民众没有资格分享。法律只是维护王权、镇压被统治阶级反抗的工具，而不是帝王与臣民分权的工具。社会稳定与皇权稳固是传统法律的终极目标。传统民法作为传统法律的有机组成部分，其并非政治斗争的结果，更不是权利分配的结果，而只是统治者治理社会的工具。其以律令格式、风俗习惯等形式存在，调整范围伴随着国家赋税政策的变化而变化。因此，作为社会分裂、权利分配产物的"民法"，在东方因缺乏相应的社会政治背景而不存在。

　　尽管东西方社会结构不同，但二者都存在自然经济基础上的产品交换，存在着维护家庭秩序的基本规则，即都存在着规范交易活动及调整婚姻家庭关系的社会需求。故摒弃国家与民众分权的因素，日本译为"民法"的私法在传统中国是存在的，其表现为纯粹调整人与人之间交往的法律规则。就此而言，民法并不是西方的专利，中国古代亦存在民法。邵义先生将民律界定为"专规定私人相互间之法律关系为主"的法律是较为科学的，与孟德斯鸠的"人类在一切公民间关系上也有法律，这就是民法"① 的观点颇为一致。

　　但是，有些学者在使用"民法"这一概念时，并没有将古代民法、近代民法与现代民法合理区分，而将民法认定为"乃在规

---

　　① 〔法〕孟德斯鸠：《论法的精神》，许明龙译，商务印书馆，2009，第4页。

范个人间的利益，以平等为基础，其主体为私人或非基于公权力的地位，对任何人皆可适用"①的法律，并将近现代民法才有的主体平等、私法自治视为其基本特征，将法典化视为其表现的必要形式。有些学者完全依照我国《民法通则》第 2 条的规定，将民法界定为"调整平等的民事主体在从事民事活动中发生的财产关系和人身关系的法律规范的总称"②，并将主体平等、意思自治、人格独立视为民法的基本特征。这些学者混淆了古代民法与近现代民法的区别，忽视了上述特征只是近现代民法的特点这一事实。其实，罗马法中存在着大量不平等的规定，如人格减等、男尊女卑、债务奴隶、自权人与他权人之分等，还有独特的监护制度，其与近现代民法的要求截然不同。当学者们用西方近现代民法才具有的特征来衡量中国古代民事法律规则时，必然会认为中国古代似乎没有民法。但如果我们厘清了民法流变的历史，把握民法调整民事主体之间的人身关系和财产关系的本质，那么，我们就可以认定，调整传统社会的田土钱债户婚典当等社会关系的规则就是实质意义的民法，即传统民法。

当然，从形式意义角度而言，中国传统社会没有民法。中国古代自然经济条件下，国家实行重农抑商政策，地主与农民之间的人身依附关系长期存在，家内族内关系依据礼等道德规范调整，宗族法规具有一定的替代功能，"没有形成法学家阶层"③，民法因此而没有法典化。依照"现代所称的民法，通常是指民法典"④的标准，以诏令、条例、习俗惯例等形式存在的民事规则不是民法。西

---

① 王泽鉴：《民法概要》，北京大学出版社，2009，第 4 页。
② 魏振瀛主编《民法》，北京大学出版社、高等教育出版社，2000，第 1 页；王利明主编《民法》，中国人民大学出版社，2008，第 5 页；姚欢庆：《民法概论》，中国人民大学出版社，2003，第 3 页。
③ 怀效锋：《中国古代民法未能法典化的原因》，《现代法学》1995 年第 1 期。
④ 陈嘉梁：《"民法"一词探源》，《法学研究》1986 年第 1 期。

方民法的法典化始于 1756 年《巴伐利亚民法典》出台，此前虽有诸多私法学术著作及单行规则，但无明确而专门的民法典。如果依照民法法典化的标准，西方社会在 1756 年《巴伐利亚民法典》出台之前也没有民法。形式法学作为近代欧洲法典运动时期的产物，已经"随着阶段理性主义的破产而破产"①，法典形式不再是学界判断有无民法的标准。当我们从实质意义而非从形式意义的标准出发，认定包括罗马法在内的西方社会各类调整民事关系的规则为民法时，也应当承认中国传统社会调整田土钱债等社会关系的规则就是传统民法。令人遗憾的是，有些学者在此问题上却采用了双重认定标准。

总之，对民法的认定，应当采用公元 6 世纪《法学总论》的界定方式，即"私法则涉及个人利益"。② 用现代法律术语概括，民法超脱民事主体政治地位的不平等性，对之可界定为"调整人与人之间私人利益关系的法律"。此概念不仅包容了民法不同发展时期的特征，而且体现了民法的本质特征——私法性。依此定义来看，无论文化背景如何，构建于不同社会结构、不同历史时期、表现形式各异的调整人与人之间关系的法律都是民法。人类社会的共同需要，决定了东西方古代社会都存在实质意义的民法。至于有些民法学者以中国古代没有权利的概念为由，否定中国古代民法存在的问题，马克思对此早有论述：私有财产的真正基础即占有，是一个事实，是不可解释的事实，而不是权利。即民法存在的基础是私有观念，是占有的事实，而非权利的观念。

二 "抑商"而非禁商：传统民法生存的政策空间

自进入文明社会之后，农耕经济就成为中国古代经济的一大特

---

① 龙卫球：《民法总论》，中国法制出版社，2002，第 15 页。
② 〔古罗马〕查士丁尼：《法学总论——法学阶梯》，张企泰译，商务印书馆，1989，第 5～6 页。

征。早在春秋战国时期，针对"方千里者五，而谷土不能处（什）二"①的现状，秦国实行变法。商鞅采取鼓励农民立足农业生产、对生产成果优秀者实行奖励、对懒惰懈怠而贫者进行处罚的策略②，"废井田""制爰田"③，"殴民归农"④，促进农业的发展，最终实现"民以殷富，国以富强"⑤。秦国的经验为后世所继承，"重本抑末"的经济政策成为后世统治者的治国方略，"手中有粮，心中不慌"成为千古遗训。各朝均以农桑为立国之本，诸多循吏皆以劝课农桑为己任，通过颁布法令条例，"训令蚕织，为作法制，皆著于乡亭"⑥；借助基层组织及长老、伍长等德高望重之人的力量，鼓励公众"及务耕桑，节用殖财，种树畜养"⑦。为了强化农业生产，执政者甚至采用各种手段逼迫下属与百姓去开垦荒地，修建水利设施，传授农业生产知识，"驱率吏民，修起芜废，教用犁耕"⑧。虽然"私人工商业与宗法制小农经济有着根本的不可调和的矛盾"⑨，但单一的经济模式难以维系专制政权，故统治者只能"抑商"而不能"禁商"。

首先，赋税制度需要商品交易的存在。赋税作为国家财政的主要来源，在中国封建国家主要以土地税、人头税等形式收取。始于春秋末齐国管仲"相地而衰征"与鲁国"初税亩"的土地税贯穿中国传统社会数千年，其基本以实物为缴纳手段。口赋、算赋或者

---

① 《商君书·徕民》。
② "僇力本业，耕织致粟帛多者复其身，事末利及怠而贫者举以为收孥。"（《史记》卷六八《商君列传》）
③ 《商君书·垦令》。
④ 《商君书·垦令》。
⑤ 《史记》卷八七《李斯列传》。
⑥ 《后汉书》卷七六《循吏列传》。
⑦ 《汉书》卷八九《循吏传》。
⑧ 《后汉书》卷七六《循吏列传》。
⑨ 范忠信、秦惠民、赵晓耕：《论中国古代法中"重农抑商"传统的成因》，《中国人民大学学报》1996 年第 5 期。

丁赋等人头税虽然历经改革，但以货币为缴纳手段的形式基本未改。小农、手工业者为了缴纳赋税，须出卖自己的产品，以获得必要的货币，集市由此而形成，甚至形成了诸如唐朝时期的长安、北宋时期的东京、南宋时期的临安、明清时期的北京之类商业大都市。尤其是在两宋时期，鉴于"州郡财计，除民租之外，全赖商税"①的现实，为了解决财政收入问题，太祖建隆元年（960年）四月甚至下诏规定：除货币应当输箕外，各州县不得苛留行旅赍装，"不得辄发箧搜索"②。基于国家赋税征收考虑，封建国家经历了从秦汉唐时期的贱商、两宋时期的重商到明清时期的抑商政策的转变，但始终没有从政策层面扼杀商品交易。国家通过实行统一的度量衡与货币制度、在商埠设立牙行、平抑市场物价、完善征税规则、规范交易程序，以及扩大禁榷制度等措施，加强对商品交易行为的控制，以达到积聚财富、控制国民经济并限制民间商业经济的发展之目的，但并没有从根本上禁商。

其次，捐纳入仕、"赀选"制度需要商品交换存在。虽然封建社会盛行"万般皆下品，惟有读书高"，"重本抑末"，以及"无奸不商"等贱商观念，但是社会主流学说——儒家思想并不否定商人存在的合理性，只是强调要"见利思义""义利并重"③，而不能见利忘义。早在春秋战国时期，商人的社会地位已经得到承认，从"往来贩贱卖贵"以至于"家累千金"的阳翟大贾吕不韦入相、范蠡弃官从商终成"累十九年三致金，财聚巨万"的陶朱公等故事，可知当时社会对于商人并无偏见，官与商之间也没有不可逾越的鸿沟。秦朝时期，虽然"重本抑末"，多次将商人发配戍边，但又认为有恒产者才有恒心、有恒心者才有恒力，主张"贫无行，不得

---

① 《宋会要辑稿·食货》。
② 《宋会要辑稿·食货》。
③ 杨树森：《论儒家义利观的历史演变及现代意义》，《社会科学辑刊》2001年第2期。

推择为吏"①。汉初制定了以财产多少为入仕标准的"赀选"制度，虽受各方非议并于汉武帝时被废除，但没有从根本上改变以家世资财取人的观念。东汉至隋唐时期，以资财取人的制度更为盛行，许多世家大族子弟"释褐"（脱去平民的服饰而换上官服）便可以为官。纳捐作为一种用财物直接向朝廷合法购买官爵的入仕途径，始于秦代，"成卖官先导"②。汉武帝为筹集财用以对匈奴用兵，"始令吏得入谷补官，郎至六百石"③。此后的各代在国家财政困难时，纷纷以卖爵、卖生员、卖监生等方式来予以补充，如康熙十三年（1674 年）后的三年间便有 500 多人捐为实职知县，占全国知县的三分之一。由于纳捐入仕与"重农农贫，贱商商富"社会现象的双重冲击，名门望族与科举无望的学子纷纷置"万般皆下品，惟有读书高"及"无奸不商"的道德教诲于一旁，投身商海，以图商而优则仕，商人队伍日益扩大。由于商人的经营活动不仅有利于农业生产，而且有益于国家赋税的增收，历朝只能"贱商"与"抑商"，而未"禁商"。

　　在中国传统社会，由于抑商而没有禁商，因此中国传统社会自然经济与商品交换并存。其中自然经济注重家庭的自我再生产功能，商品交换注重家庭间商品交易过程中的利益平衡。为了维护自然经济条件下的家庭稳定，保证自然经济的顺利进行，便于家庭生产的组织与管理，等级制的婚姻家庭制度应运而生，其以家庭财产共有为基本财产制度，以差等原则分配家庭权利与义务；为了保证商品交易顺利进行，维护市场经济秩序，诚信、自愿、合理等商品经济基本规则逐渐形成，其以利益平衡为基础，以平等原则分配商品交换中的权利与义务。当然，由于"中国历史上的商人无论以

---

① 《史记》卷九二《淮阴侯列传》。
② 韦庆远、柏桦：《中国政治制度史》，中国人民大学出版社，2005，第 506 页。
③ 《西汉会要》卷四五《选举下》。

怎样的形式组织起来，都不曾变成一种独立的社会力量，一种在政治上可以与官僚集团相抗衡的利益集团"①，因此中国历史上始终没有出现发达的商法，体现商品交易需要的民事规则始终没有脱离封建法制的桎梏，其具有从属性。

三 儒家的人性观：传统民法存续的思想基础

秦朝"焚书坑儒"，大量儒生被活埋，经典文献被焚烧，主张"仁政礼治"的儒家学派遭受重大打击，法家学说大行其道。西汉初年，百废待兴，主张"与民休息""垂拱而治"的黄老学说取得领导地位。锐意进取的汉武帝改弦易辙，"罢黜百家，独尊儒术"，儒家学说重新取得正统思想的地位。但此时的儒家已非孔子时期的儒家，实质上是以儒家思想为主兼容法家、道家、兵家、阴阳家等诸多春秋战国时期学派思想的新儒家。其运用阴阳学说作为理论工具，在孔子"宽猛相济"思想与荀子"隆礼重法"思想基础上提出了"德主刑辅"思想，主张法律上应当"大德小刑"，政治上提倡君主集权的大一统。因其符合封建专制统治的需要，儒家学说自此成为中国封建社会的正统思想，也影响着中国传统民法的制定与实施。

作为中国传统社会的正统思想，儒家并不否定人的私欲具有合理性。在先秦儒家看来，追求私利乃是人的本能欲望，人具有趋利避害的本性。孔子亦追求"食不厌精，脍不厌细"②的生活，在他看来，"富与贵，是人之所欲也"③，追求富贵是人的本能，无可厚非，重要的是人追求富贵的行为必须符合"义"的要求，而不能超越"义"许可的范围。那何为"义"呢？在孔子看来，"义"即

---

① 梁治平：《寻求自然秩序中的和谐》，中国政法大学出版社，2002，第165页。
② 《论语·乡党》。
③ 《论语·里仁》。

为"宜",即当时社会公认的行为规则——礼制。具体而言,"义"就是符合三纲五常的要求,"仁者,人也,亲亲为大义者宜也,尊贤为大。亲亲之杀,尊贤之等,礼可生也"①。即"义"就是合乎礼则的"宜"②。孔子认可人们追求财富行为的合理性,但是要求人们在利益面前要学会见利思义,在获取利益之前考虑该利益的获得是否符合礼义的要求,如果不符合礼义的要求,即使有利可图,也不能为之。即"富与贵,是人之所欲也,不以其道得之,不处也;贫与贱,是人之所恶也,不以其道得之,不去也"③。他主张先义后利,提倡"君子爱财,取之有道",反对见利忘义,"放于利而行,多怨"④。后来,尽管程朱理学主张"存天理,灭人欲",但认为亦须尊重普通民众为维持生存而追求利益行为的合理性。他们只能要求在公私利益出现冲突时,要先公后私,"君子小人趣向不同,公私之间而已"⑤,提倡克己复礼。

儒家思想承认民众逐利行为的合理性,为中国传统社会商品交换的发展提供了思想基础。社会舆论只会谴责为富不仁、见利忘义的恶行,而不会谴责富裕之人;人们可以公开探讨逐利的方式方法,并以衣锦还乡为成功标志。总之,儒家承认私欲的合理性为民众参与商品交易活动奠定了思想基础,也为制定规范商品交易行为的民事规则提供了理论支持。

总之,由于中国传统社会国家财政的需要,纳捐入仕成为封建帝国敛财的手段之一,为自然经济主导下的商品交换发展留下了政策空间;而儒家对私欲有限度的认可,为社会公众投身商品交换提

---

① 《论语·里仁》。
② 宋开之、赵鹏:《传统儒家义利观考辨》,《河海大学学报》(哲学社会科学版) 2003年第 4 期。
③ 《论语·里仁》。
④ 《左传·成公二年》。
⑤ (宋)朱熹:《四书章句集注·论语集注》卷二《八佾》。

供了舆论与理论支持。由此，商品经济成为传统社会经济形态的有机组成部分，涉及商品交易的法律规则应运而生。脱离成文法结构的拘束，从实质意义角度分析，我们可以发现，存在商品交换的中国传统社会存在着传统民法。当然，如果进一步研究，我们也可以发现传统民法架构具有二元性，从结构上来看，它是成文法与非成文法的统一；从建构原则来看，其以家为界限，实行内外有别的建构原则，是平等原则与差等原则的并用。

第二章　传统民法渊源的二元性

第一节　礼法分立：中国早期法律的基本模式

对中国阶级社会初期的夏商周统治者而言，国家最重要的活动包括两项：祭祀天地祖宗鬼神的"祀"与对外征掠的"戎"，即所谓的"国之大事，在祀与戎"①。针对两种不同性质的政治活动，社会产生了两种不同形态的行为规则——礼与刑，即礼与"法"②。

一　礼是中国古代最早的行为规则

礼起源于原始社会，如古籍所言，"礼事起于燧皇，礼名起于黄帝"③。当时社会生产力低下，人们无法理解自然界的诸多变化，深感冥冥之中的鬼神与祖宗主宰着自己的命运，故对鬼神具有一种本能的敬畏。为了求得鬼神的庇佑，人们试图通过频繁而又庄严的祭祀仪式，来求得上天的赐福与祖宗的庇护。对鬼神祭祀祈福的宗教仪式即为礼的原型，所谓"礼，履也，所以事神致福也"④。在时

---

① 《左传·成公十三年》。
② 在中国早期社会，因战争或军事行动的需要，产生的法的基本内容是刑法或以刑法为基本内容，故此时的刑与法基本上是同一概念。
③ （清）阮元：《十三经注疏》上册，中华书局，1980，第 1223～1224 页。
④ （汉）许慎：《说文解字》。

人看来，礼与天地鬼神相通，敬畏鬼神即须遵守礼，违反礼的要求即会受到鬼神的处罚，故礼自诞生之日即有精神威慑的力量。随着祭祀的功能不断扩大，其不仅是事神祈福的仪式，而且将天上与地下、现在与未来、国王与上帝沟通起来，祭祀的礼与神权政治紧密结合，具有了为专制王权与贵族政治服务的政治功能。礼的内容也由单纯的习俗仪式，发展成为规范婚姻、血统、亲续、等级、君臣的行为规则，并逐渐规范化、法律化，道德教化与伦理感化是其基本取向。

二　刑是中国古代出现的第二种行为规范

刑"始于兵"①，即法律起源于战争的需要。从战争的组织者角度而言，战争是一种重要的集体活动，需要高度严明的组织纪律、严格有序的行为规范和步调一致的行为规则，必须适用统一的军事法律，协调与指挥全体参战人员，即"师出以律"，以刑法为基本内容。从战争性质角度而言，军事征服与兼并战争就是刑罚，"黄帝以兵定天下，此刑之大者"②"大刑用甲兵"③。此种军法性质的法律在战后被改造为处置敌人、俘虏或其他违法犯罪行为的普通法律。总之，中国最早的法律是以刑法为基本内容，兼有军事镇压性质的军法和刑事制裁的刑法双重含义，惩罚性、禁止性是其基本特征。

礼与刑自产生之日起即分别适用于不同对象，礼以教化方式适用于本族，适用于"自己人"，刑以惩罚方式适用于敌人或犯罪分子，"德以柔中国，刑以威四夷"，二者共同构成了中国早期社会的行为规范体系，亦为中国古代法律渊源。当然，对于早期的中国奴隶社会而言，礼是治理国家的主要工具。

① 《辽史》卷六一《刑法志》。
② 《通典》卷一六三《刑一·刑制上》。
③ 《国语·鲁语上》。

第二节 礼法合流：传统社会法律
实践的必然选择

长期以来，学界关于中国传统社会统治模式的论述奉行"外儒内法"的观点，认为传统社会从表面上来看实行礼治实际上奉行的是法治。实际上，中国传统社会是儒法思想既融合又并用的社会：国家根本法典采用法家的成文法模式，以法律的形式践行儒家思想；对民间细故即民事法律关系的调整，通常采用不成文法形式，借助于判例、习惯、礼俗、宗法等形式，规范民事行为模式，调解民事纠纷，保证自然社会的和谐发展。历史实践证明这种以礼治调整为主、法治调整为辅的民事混合治理模式与国家治理模式具有高度一致性，是时代选择的结果。

一 礼治抑或法治：难以实现社会的长治久安

礼起于祭祀，本是规范人们在祭祀过程中的地位与行为模式，后逐渐被引入政治国家的范畴，成为夏商周的治国之策。夏商周时期，神权法盛行，但各朝对于神的态度并不尽相同。夏统治者托称自己的祖先为上天的主宰，妄称自己是上天派来统治大家，以此来证明自己政权的合法性，并以祭祀权来增加政权的神秘性。虽有王权的继承制，但帝王与其统治集团内部的关系是"亲而不尊"，帝王的权威性不足。殷商则以自己的祖先为上天的朋友为名，来说明自己统治的合理性，虽然强化了帝王的权势，但集团内部对帝王的态度为"尊而不亲"，商王最后众叛亲离，成为孤家寡人。此二朝皆假借天意或神意，以具有神权色彩的祭祀礼治理社会，规范人们的行为，但此种统治方式随着殷商的覆灭而宣告破产。

本为殷商属国的"小周"势单力薄，周武王与周文王既无强大的家族力量可以倚靠，更无上天神灵可以借助，政权的合法性只有来自世人对当权者品德的认可，"天命靡常，皇天无亲，惟德是辅"，而判断执政者德行的标准则依周公所制之世俗礼，"敬天保民"为仁，"明德慎罚"为策，"亲亲尊尊"为等，依周公之礼周朝建构了一个以宗法制为核心的政权体系。依照周礼规定，天子政权的维持依赖血缘的连接，大宗与小宗地位的取得依赖血缘的亲疏而非贡献大小，因而堵塞了春秋战国时期新兴地主阶级向上层流动的通道。面对古典商品经济的发展与新兴地主阶级力量逐渐壮大的社会现实，周公之礼的迂腐性逐渐显现，并在变法图强的浪潮中逐渐被成文法所取代，而西周王朝的瓦解意味着"礼治"的失败。

东周时期，为了能够成就霸业，各诸侯国纷纷网罗人才，寻求强国富民之道。诸子百家纷纷提出自己的治国方略，呈现出"百家争鸣"的局面。其中法家因其主张包含平等性因素而为新兴地主及平民所接受。韩非子的"法不阿贵，绳不挠曲……刑过不辟大臣，赏善不遗匹夫"① 与慎子"官不私亲，法不遗爱，上下无事，唯法所在"② 的平等精神为地主阶级追求平等地位提供了理论依据，商鞅、李斯所主张的废除特权、军功授爵与鼓励农战亦为农民所欢迎，边陲弱国秦国的迅速强盛亦以事实证明法治的优越性。但是，当法制建设走向极致之时，"繁于秋荼，而网密于凝脂"③ 的立法现状必然扩大了法律的打击对象，导致社会矛盾尖锐。当统治者"专任刑罚"而忽视教化时，"赭衣塞路，囹圄成市"④，其结局只能是民众的"揭竿而起"。秦朝二世而亡的历史教训表明单纯

---

① 《韩非子·有度》。
② 《慎子·君臣》。
③ （汉）桓宽：《盐铁论·刑德篇》。
④ 《汉书》卷二三《刑法志》。

依靠法律也无法实现社会的长治久安，"法深无善治"成为此后"传统中国立法者秉持的立法理念"①。

二　先秦儒家的自我改造：礼法合流的思想基础

早期的儒家思想与法家思想在国家治理方面的观点是截然不同的。早期儒家主张通过道德教化来实现社会的治理。在孔子看来，西周时期"亲亲尊尊"的等级观念是社会治理的良药，他提出以"君君臣臣、父父子子"为核心的忠孝观来规范人们的行为，认为礼是治理国家的基本工具，主张以"礼"即等级名分来维护社会秩序，"礼，经国家，定社稷，序民人，利后嗣者也"②。孟子在忠孝观基础上，以"性善论"为立足点，将忠孝细化为"父子有亲、君臣有义、夫妇有别、长幼有序、朋友有信"的"五伦"，以此作为处理君臣、父子、夫妇、兄弟、朋友关系的基本准则，并通过"五伦"教化实现社会治理。儒家高估了教化的社会功用，将世人一概作为君子来要求，尤其是在社会剧烈变化、阶级矛盾日益激化的社会现实条件下，道德教化作用有限。而法家否定道德教化的作用，从规则角度出发，认为规则是"定分止争"的基本工具。在法家看来，"一兔走，百人逐之，非以兔可分以为百也，由名分之未定也。夫卖兔者满市，而盗不敢取，由名分已定也"③。就是说田野上一只野兔在跑，后面许多人追着去抢，并非兔子可以分成多份，是因为兔子的权属未定；而市场上很多待售的兔子却没人敢去抢，原因在于兔子的权属已定。如果名分确定，则"贪盗不取"；如果名分未定，无论道德品行如何优秀之人，都无法自持，即

---

① 赵晓耕、沈玮玮：《专业之作：中国三十年（1979～2009）立法检视》，《辽宁大学学报》（哲学社会科学版）2010年第5期。
② 《左传·隐公十一年》。
③ 《商君书·定分》。

"尧、舜、禹、汤且皆如骛焉而逐之"①。不确定名分，"势乱之道也"②，社会势必混乱。法家夸大了法律的作用，忽视了社会道德对法律实施效果的影响，最终容易导致"法不责众"的窘境。

战国后期以荀子为代表的儒家学者，在坚持儒家忠孝、五伦思想的基础上，融合法家思想，对孔孟思想进行改造，提出包含法家思想合理内核的新儒家观点。其中荀子从"性恶论"出发，提出"隆礼尊贤而王，重法爱民而霸"，即"隆礼重法"的思想，主张既要重视德礼的教育，也要实行严格的法治。在他看来，统治者应该礼法并举、王霸统一，"治之经，礼与刑，君子以修百姓宁"③，"礼以定伦"，而法具有"定分"功能，二者可以互用，同时，他将维护"等级次序"与"等级名分"视为立法的根本目的。另一后儒代表管子不仅强调法律"上下有义，贵贱有分，长幼有等，贫富有度"④的"礼之经"要求，而且要"任法"，即坚决按照"等级名分"执行法律。在管子看来，法律就是推行礼治的工具。儒家汲取法家思想的合理因素，自我改造而成的"隆礼重法"观点，将儒家的道德教化与法家的依律治国有机结合，为西汉中期儒法合流提供了理论准备。

三　礼法合流：传统社会中央集权必然选择

虽然汉承秦制，但汉初统治者反思暴秦之得失，以秦之过失为鉴，废除了秦朝苛法而与民约法三章。在汉初政治家贾谊看来，如果不实行仁政，不行仁德，"而攻守之势异也"⑤，政权的维持将难以为继。而陆贾认为，天下可以通过武力夺取，但仅仅依靠武力是

---

① 《商君书·定分》。
② 《商君书·定分》。
③ 《荀子·成相》。
④ 《管子·五辅》。
⑤ （汉）贾谊：《过秦论》。

难以治理国家的，"居马上得之，宁可以马上治之乎"①，必须实行文治武功，既要依靠思想道德的教化，也须依靠国家强制力的推行，只有文武并用方能实现长治久安。为了总结秦亡的教训，陆贾"乃粗述存亡之征，凡著十二篇"②，认为秦朝苛政繁法是其灭亡的根本原因，而主张约法省刑，与民休息。陆贾每奏一篇皆为汉高祖刘邦及大臣所认可，并汇编成《新语》一书而广为流传。但陆贾逐渐走向与秦政相反的另一极端，其将约法省刑、与民休息推向了极致，逐渐与老子的无为而治的思想契合，"与民休息，无为而治"的黄老学说得以大行其道，"填以无为，从民之欲，而不扰乱，是以衣食滋殖，刑罚用稀"③。历经七十余年的休养生息，西汉社会生产力逐渐恢复，经济得到极大发展；普通民众丰衣足食，社会安定，"非遇水旱，则民人给家足，都鄙廪庚尽满"④；政府财政宽裕，"京师之钱累数万，贯朽而不可校"，国库充实，"大仓之粟陈陈相因，充溢露积于外，至腐败不可食"⑤。但是，中央政府无为而治的策略同时也产生了一定的社会问题，地方诸侯群雄割据，中央政权面临严峻的挑战。清静无为的黄老学说已无法满足汉武帝强化皇权、维护中央集权的需要，社会治理需要新型的指导思想。

汉初的政治实践已经证明道家无为思想具有天然的局限性，而先秦诸侯的政治实践亦证明儒家礼治思想或法家任刑思想都存在不足，礼与法皆无法独立担当社会长治久安的重任，于是董仲舒的新儒学应运而生。

董仲舒顺应汉武帝大一统的要求，主张"天子祭天地，诸侯

① 《史记》卷九七《郦生陆贾列传》。
② 《史记》卷九七《郦生陆贾列传》。
③ 《汉书》卷二四《食货志》。
④ 《汉书》卷二四《食货志》。
⑤ 《汉书》卷二四《食货志》。

祭社稷，诸山川不在封内不祭"，提倡皇帝专权而臣民无权①，认为应以"君为臣纲""父为子纲""夫为妻纲"及"仁、义、礼、智、信"的伦理道德为立法指导思想。为了实现大一统和社会的长治久安，董仲舒主张法律规制与道德教化两种手段并用，同时宣扬阴阳天道观的"阳尊阴卑"理论，以此来增强皇权德刑之政的神秘性。"天道之大者在阴阳。阳为德，阴为刑；刑主杀，阳主生。……王者承天意以从事，故任德教而不任刑。"② 在他看来，只有等级身份不同之人遵循各自"礼"的要求，做到"克己复礼"并对僭越礼制的人给予法律制裁，才能实现社会的大治。为了解决长期约法省刑而法律匮乏的问题，董仲舒"于是作《春秋决狱》二百三十二事。动以经对，言之详矣"③，开启了引礼入法、以儒家经义裁决纠纷的先河，也为汉武帝削藩等集权改革提供了理论依据。

"罢黜百家，独尊儒术"政策实行后，汉儒王植、马融、郑玄、陈宠等借助注释法律的办法将儒家思想融入法律理解与实践之中，"从遗留的狱辞中来看，可以说无不以《春秋》《尚书》等经义为最高司法原则"。④ 后东汉班固借整理白虎观会议精神之机，将"三纲五常"观列入《白虎通义》之中，成为此后有汉一代普遍适用的法律原则。儒家借助引经决狱、原心定罪等方式，不仅将儒家经典置于国家法典之上，而且将伦理道德置于当时的国家法律规范之上，"以达到伦理率法，以伦理改法"⑤，形成了后世所称的

---

① 董仲舒在《春秋繁露》一书中提出："天子祭天地，诸侯祭社稷，诸山川不在封内不祭。有天子在，诸侯不得专地，不得专封，不得专执天子之大夫，不得舞天子之乐，不得致天子之赋，不得适天子之贵。君亲无将，将而诛。大夫不得世，大夫不得废置君命。"
② 《汉书》卷五六《董仲舒传》。
③ 《后汉书》卷七八《应劭传》。
④ 瞿同祖：《瞿同祖法学论著集》，中国政法大学出版社，2004，第377页。
⑤ 俞荣根：《儒家法思想通论》，广西人民出版社，1992，第578页。

伦理法。至《唐律疏议》颁布之时，所有规则已实现"一准乎礼"，儒家思想变成了唐律的灵魂，伦理道德规范披上了法律的外衣，"德礼为政教之本，刑罚为政教之用"，德礼与法律实现了有机统一。我们须注意，尽管此时的礼已非孔孟时期的礼而是汉代以来被改造过的"唐礼"，但"孔孟的思想借助唐礼这个载体渗透到唐代法律之中在一定意义上说也确是事实"①。虽然宋元明清对唐律各有损益，但儒家思想的正统地位始终未动，"忠孝仁义"精神贯穿于唐之后的历朝历代的律令条例之中，不仅规范着国家的政治生活，也调整着传统社会的民事生活，不仅体现于传统社会刑事与行政法典，也体现于传统民法之中。

从本质上来说，新儒学实际上是春秋战国时期诸子百家融合并以儒家学说为主体的新流派，后人将其表述为"外儒内法"。实际上这一定论并未完整反映中国传统法治思想的实际情况，既"忽视了儒家对于法（或刑）的包容"②而夸大了儒、法两家的对立，也忽视了法家《商君书·画策》中所折射的"并非一般地否定礼，只不过实现的手段不同而已"③的思想。中国封建社会的立法思想是在总结历史经验的基础上，以孔孟儒家礼治思想与法家法治思想为主体，兼容兵家、道家、阴阳家、墨家等诸多学派思想的大融合，表现为礼法合流，引礼入法：以礼为内涵而以法为外貌，以礼防于先并以法惩于后，以礼导民于隐微而以法彰善行于明显，"以礼行法从而减少推行法律的阻力，以法行礼使礼具有凛人的权威"④。当然，从西周之前家族本位崇尚的"礼治"，到战国与秦朝时期国家本位崇尚的"法治"，最终到西汉至清末"国家—家族本

---

① 苏亦工：《唐律"一准乎礼"辨正》，《政法论坛》2006年第4期。
② 朱声敏：《"外儒内法"之辩正》，《创新》2012年第1期。
③ 武树臣：《地域文化与先秦法律思想的主旋律》，《甘肃社会科学》2011年第6期。
④ 李显冬：《从〈大清律例〉到〈民国民法典〉的转型——兼论中国古代固有民法的开放性体系》，中国人民公安大学出版社，2003，第60页。

位"的礼法并用①，其关键在于礼与法能够寻求到契合点——"定分止争"的社会功能，传统民法亦在此法律形式的演变过程中实现了礼法合流。

第三节 礼法合流对传统民法渊源二元性的影响

礼法合流对中国传统社会的影响是全面的，国家根本法典的儒家化，导致其中的行政、刑事、民事等规则同样被儒家化。但是礼法合流并不意味着礼被彻底法律化，法律化的礼与非法律化的礼并存于传统社会，共同调整着中国传统社会。其中调整乡土社会民事关系的礼被成文化之后，成为传统民法的成文法形态；而表现为风俗、习惯等形态的礼虽然没有成文化，但依旧广泛地调整着民事生活。即礼法合流导致中国传统民法外在架构具有二元性——成文的民法与不成文的民法并存。

一 礼是中国最早的法律形式

礼起源于祭祀，本为生活资料的分配方法，"礼者，养也"②，后逐步发展为乡礼、酒礼等，成为本族本宗成员的行为准则，是处理内部不同民事主体相互关系的行为规则，以约定俗成的习惯法形式表现。随着社会的发展，礼的内容不断扩大，人们在长期生活中自然而然形成的风俗习惯成为礼制的渊源，其中包括婚姻之礼、乡饮之礼、哀祭之礼、朝觐之礼等诸多礼制。这些反映于《仪礼》之中的精神为《礼记》所阐释，并成为传统社会人们的生活准则与精神追求，亦成为国家立法的原则与指针。在西周及其之前的时

---

① 武树臣：《爱国主义与以人为本——"国家·个人本位"法律价值观的现代诠释》，《河北法学》2012 年第 7 期。
② 《荀子·礼论》。

期，无所不包①的礼主要掌握于执政者手中，由判例、礼仪、礼制等习惯法形式表达，非成文法是其主要特征。至西周时期，周公在"敬天保民""明德慎罚"原则的指导下，"作《周官》，兴正礼乐，度制于是改"②。"兴正礼乐"即为制礼作乐，"作《周官》"即为制定周礼。在周公制礼而建立起一套系统详备的典章制度、礼仪道德规范的过程中，礼开始被法律化、体系化。至此，夏商周的三代之"礼"应该是三代时最主要的民事行为规范。

二　早期成文法运动将成文法演变为民法的主要形式

始于春秋战国而终于秦朝的成文法运动，使得成文法演变为法律（包括民事法律规则）的唯一形式。在春秋战国时期，铁制农具开始应用于农业生产领域并获得迅速的推广与普及，耕地面积不断扩大，粮食产量大幅度增长，社会分工细化，宗族土地所有制和集体劳动协作性质的耦耕制为小农经济所取代，社会结构开始剧烈动荡，"礼乐征伐自天子出"的政治格局被群雄争霸所取代。为了求得生存，各诸侯国先后废弃原有"刑不可知，威不可测""议事以制，不为刑辟"以及"临事制刑，不豫设法"③的不成文法形式，制定成文法并予以公布，如晋国制定公布包含民事、刑事、行政等诸多内容的"常法"，郑国子产的"铸刑于鼎"，邓析造"竹刑"等成文法活动，打破了体现人治、德治、礼治传统的礼这一法律形式的神秘性，增加了法律的透明度与公开性。战国时期的魏国李悝制定了中国历史上第一部比较系统的成文法典——《法

---

① "道德仁义，非礼不成；教训正俗，非礼不备；分争辨讼，非礼不决；君臣上下，父子兄弟，非礼不定；宦学事师，非礼不亲；班朝治军、莅官行法，非礼威严不行；祷祠祭祀、供给鬼神，非礼不诚不庄。是以君子恭敬撙节退让以明礼。"参见《礼记·曲礼上》。
② 《史记》卷四《周本纪》。
③ 《左传·昭公六年》及注疏。

经》，改刑为法，将单纯强调刑的杀伐惩处功能逐步演变为具有规则性质的法。其篇章结构对后世各代的立法影响深远，从而开启了中华法系立法先河。秦朝将法治推向了极致，其弃礼任法，将法律作为治理国家、治理社会的唯一手段，实行"治道运行，诸产得宜，皆有法式"①，"一断于法"。当然此时的民法作为法律的组成部分，成文法是其唯一形态。

三 礼法合流导致传统民法渊源二元性：礼法并存

西汉时期的汉武帝时期通过《春秋》决狱而引礼入法，礼法开始合流。礼与法逐渐成为西汉社会生活的基本准则，儒家通过引经决狱、原心定罪，"不光是将经典置于法典之上，而且是将伦理道德置于法律规范之上，以达到伦理率法，以伦理改法，并最后制定出符合伦理的法"②。至《唐律疏议》颁布，礼的精髓被完全融入唐律之中，"一准乎礼而得古今之平"。虽然此时的礼已非纯粹的孔孟之礼而是被改造后的"唐礼"，但"孔孟的思想借助唐礼这个载体渗透到唐代法律之中在一定意义上说也确是事实"③。《唐律疏议》在以法典的形式正式确立了儒家思想正统地位，也为礼与法共同作用于传统社会的民事活动奠定了法律基础，以律为主体的律令格式等成文法与体现礼精神的儒家教义、风俗习惯、判例等非成文法成为传统社会民法的两大渊源，传统社会由此进入礼法并用、礼法并存的时代，标志着传统民法渊源二元性的形成。

首先，以律令格式等成文法规范传统社会民事行为。

分析目前尚存的唐朝之后历代法典——律，我们可以发现《唐律疏议》《宋刑统》《大明律》《元典章》乃至《大清律例》中

① 《史记》卷六《秦始皇本纪》。
② 俞荣根：《儒家法思想通论》，广西人民出版社，1992，第578页。
③ 苏亦工：《唐律"一准乎礼"辨正》，《政法论坛》2006年第4期。

皆规定了大量的民事规则。这些规则关涉土地房舍权属及买卖交易、婚姻家庭继承等诸多事项，如负债违契不偿、负债强牵财物、卖买不和较固、卖奴婢牛马不立契、器用绢布行滥短狭而卖等条规，子孙别籍异财、居父母夫丧嫁娶、同姓为婚、和娶人妻等条皆以禁止性规则明确了相应民事行为的主体自由的界限，故作为国家根本律典之一的律应属传统民法的渊源。其中，《宋刑统》是中国历史上第一部印刷颁行的法典，因其普及程度大而对民间的民事行为影响较大；而《大清律例》则在律条后附以各朝条例，规定更为详细。此外清代编制的涉及民事法律规则颇多的《户部则例》，为了适应社会经济的发展与民事活动的变化，自 1776 年颁行至清末修改达十四次之多。

令作为律的辅助，早在商鞅变法时就已出现，如其"令民为什伍相连坐"，后秦始皇焚书"使民欲学法令者以吏为师"。汉初萧何定律，律令并提。唐朝的令则更多，"已知《永徽令》有十七篇三十卷"[①]，计 1546 条。明初曾颁行《大明令》共六篇一百四十五条，其条文散见于《大明会典》之中。令所涉及关市、厩牧等规则尽管是行政法规，却对民事主体的交易行为影响颇深，其中的部分规则可以视为传统民法成文法渊源之一。由于令应诏而制，因时因事而制，故成为传统民法数量最多的渊源，但此法律形式至于明清时期基本难觅踪迹。

格是经过整理汇编的具有普遍、永久效力的由皇帝发布的制敕。依《唐六典》之说，其渊源为汉晋时期的"故事"，后改为"格"，如东魏时期的《麟趾格》《通制条格》。其中《通制条格》中的户令、仓库、厩牧、田令、关市、杂令包含大量诸如"收养同宗孤贫""户绝财产"之类的民事法律规则，故格为传统民法的

---

① 叶孝信主编《中国民法史》，上海人民出版社，1993，第 240 页。

渊源之一。而因商品交换的发展导致民间财产关系多变，宋朝的格（敕）灵活多变，涉及民事财产方面的条文较多，规定较为详尽。

此外地方官员颁布的告示有很多具有民事法规性质，对当地民事行为具有较大意义。而式多涉及政府办事流程与公文格式等行政事务，与传统民法关涉不大，在此不赘述。

上述包括律令格在内的成文法形式，成为传统民事法律的组成部分，共同作用于传统社会的民事法律行为，调整着当时的民事法律关系。其中律为根本法，具有最高的法律地位，令格等不得违反律的规定，"律令疏义，不可破律从令"①。

其次，风俗习惯、儒家经典教义等非成文法规范着传统社会民事行为。

作为传统民法渊源的风俗习惯，具有极强的地方性而不具有普遍性，绝大多数情况下，只能是民间自我调整的工具而难以被上升为法律规范。但如果其具有普遍适用性则可以被推广，如唐朝时期调整民事关系的文书——"样文"即是对长期存在于民间的惯例所进行的记载与总结。唐宋时期的风俗习惯影响并不大，但由于其来自民间，亦具有一定的法律效能。而元朝时期，北方的少数民族基本使用习惯法处理内部民事纠纷，对汉族民间产生一定影响。在元朝的南方，由于印刷业的普及，民事习惯往往因被一些文人编入诸如《新编事文类聚启札青钱》之类的普及读物而广为传播，长期形成的契式、婚书式之类的文书格式流行于民间，风俗习惯的影响大为增强。

宗族法俗称宗规、宗式、族规、庄规、家规、家法、家约、家劝、家礼、家训、户规等，是宗族组织为了调整内部社会关系、维护内部秩序而制定的对族人有普遍约束力的行为规范，以宗族组织内部的强制力为保障。宗族法最早出现于汉魏时期，如田畴率族聚

---

① 《唐律疏议·名例律》。

居，制定族规①；至宋代普及，如范仲淹置义田族产，欧阳修、苏洵修谱收族等为各地效法；明清时期得以完善。清代"天下直省郡国，各得数百族，落落参错县邑间"②。由于传统社会国家对社会的控制主要集中于县一级，"天高皇帝远"的农村依赖宗族势力维持，宗族法实际上是民间的主要行为规范之一。

儒家经典教义本非法律，随着儒家正统思想地位的取得，其影响力逐渐从思想领域渗入法律领域，并成为传统民法的渊源之一。唐朝对儒家经典进行了大规模的整理汇编，统一了各家对于儒经的解说，编纂成为《五经正义》之类的官修经书，并编纂礼书，如《大唐开元礼》，经礼统一并宣传，对民间民事活动影响深远。此外以儒家礼教为内容的科举制度拓展了社会下层上升的通道，儒家礼教得以更直接地影响基层社会。司法实践中官府将法律与情理相结合，甚至不惜曲法护礼的做法，使得儒家经典教义影响更为直接。儒家礼义在宋朝被程朱理学神秘化，成为"天理"，其"存天理，灭人欲"的要求，使得"三纲五常"精神贯穿于当时的婚姻、继承制度之中。明清时期，申明亭的宣讲、私塾的教育以及乡绅主持的民事调解实践，使得礼教精神广泛影响社会生活，影响社会风俗，"中国自书契以来，以礼教治天下"③，"示民以常"④，"中国人的生活完全以礼为指南"⑤。

总之，中国传统社会没有制定专门的民法典，"传统的民法渊源主要体现在制定法、判例法和习惯法这三大方面"⑥，律令格式

---

① 田畴率族聚居，"乃为约束杀伤，犯盗、争讼之法……又制为婚姻嫁娶之礼"。参见（西晋）陈寿《三国志》卷一一《田畴传》。
② 《皇朝经世文编》卷五八《庐江章氏义庄记》。
③ 《清史稿·刑法志》。
④ 《礼运》。
⑤ 〔法〕孟德斯鸠：《论法的精神》，许明龙译，商务印书馆，2009，第210页。
⑥ 曹智：《论传统民法的渊源及特点》，《东南大学学报》（哲学社会科学版）2006年第5期。

等成文法与风俗习惯、儒家经典、宗族法等非成文法共同构成民法的整体，皆为民法的基本渊源，体现了传统社会民法渊源"分类"的特征。

如何将非成文法的风俗习惯、儒家教义与成文法的律令在民事案件中有机结合，是传统社会司法官员民事纠纷时必须面对的问题。依照清代汪辉祖在《佐治药言》"须体俗情"中所言："幕之为学，读律而已，其运用之妙，尤在善体人情。盖各处风俗往往不同，必须虚心体问，就其俗尚所宜随时调剂，然后傅以律令，则上下相协，官声得著"①。依此说，官员处理民事纠纷时须做到将天理国法人情统一，所作判决既要符合天理即礼教的要求，又要符合国法即律令的规定，还要符合人情即当地的风俗习惯、风土人情的要求②，即"情、理、法兼顾"③。

---

① （清）汪辉祖：《佐治药言》"须体俗情"，转引自梁治平《寻求自然秩序中的和谐》，中国政法大学出版社，2002，第309页。
② "在清代的民事审判中适用习惯的判例还是随处可见的。"参见何勤华《清代法律渊源考》，《中国社会科学》2001年第2期。
③ 范忠信、郑定、詹学农：《情理法与中国人》，北京大学出版社，2011，第271页。

第三章 仁内与义外：传统民法
结构的二元性

第一节 学界对传统民法结构研究的缺憾

一 学界对传统民法结构的研究现状

"一准乎礼"是学界关于中国传统法律精神的共识，但是学界关于礼对传统民法结构的影响却研究不足。从目前来看，研究传统民事法律制度的学者对传统民法结构基本采取了以下两种态度：

其一，置传统民法结构于不顾而专注于具体制度的阐释。这类学者人数众多（其中叶孝信、李志敏对于传统民法整体制度的论述较完整，堪称典范），成果丰硕。他们大多采取考证法，或分析某一朝代民事制度，或就某一民事制度做跨度较大的研究。在研究过程中，他们以传统民事制度为主体，运用中国传统民法自有的概念与术语，来解构传统民法各项制度，力图描述传统民法各项制度的内容。在此类研究中，学者立足于典籍判牍，占有的史料丰富翔实，研究成果的可信度高，对具体制度的钩沉符合中华法系的特点，反映了传统民法的基本内容，对于我们认识传统民法大有裨益。

其二，借鉴近现代成文法的结构形式，按照总则与分论的模式研究传统民法的结构。该研究思路通常依照德国民法体系的要求，"沿着现代法学的视线"①，将传统民法的有关内容分门别类地归入民法总论、物权、债权、婚姻家庭法、侵权等五编之中，并借助运用现代民法学的概念与专业术语，提炼出统领古代民法的基本原则，以期再现传统民法的全貌。张晋藩、孔庆明等学者堪称典范。这类学者依照现代民法学的原理，从概括传统民法的基本原则出发，阐释传统民法的总则及有关物权、债权、人身权、婚姻家庭及侵权等制度，特别是提炼了传统民法在各个时期的基本原则②。上述学者的探索为我们进一步分析传统民事法律的基本原则，进而从整体上认识传统民法奠定了坚实的基础。

二　学界对传统民法结构研究的分析

上述学界对传统民法体系的分析方法各有千秋，对于后人研究传统民法既有可资借鉴之处，亦有值得警惕之处。

制度考证法有利于还原历史中曾经存在的民事制度，而这些学者对传统民法的具体制度的解读无疑历史地再现了中国历史上曾经出现过的各种民事规则，使得我们对传统民法具体制度的认识更为全面，为我们从整体上认识传统民法奠定了基础。但是，这一研究

---

① 张中秋：《唐代经济民事法律述论》，法律出版社，2002，第 14 页。

② 其中张晋藩先生在《中国民法通史》（福建人民出版社，2003）中指出，元朝婚姻的原则为同姓不婚原则、族类原则、一夫一妻制等原则，明朝的婚姻立法原则是宗法等级原则、夫为妻纲的一夫一妻制原则、礼法并用等原则。孔庆明先生在《中国民法史》（吉林人民出版社，1996）中提出，汉代民法基本原则包括以皇家为代表的国家财产所有权高于一切，在私人关系上维护以家庭为主体的土地和财产私有权，自由约定契约，依法制裁侵权行为并对受害者予以救济等原则；魏晋南北朝时期有财产权利不平等、保护封建国家土地所有权、承认并维护土地私有权、加强契约法律效力原则；隋唐时期买卖关系形成和同、瑕疵责任、权利缺陷担保等原则；南宋时期则有公平守信原则；明朝有买卖公平、和同及瑕疵责任等原则。此外，岳纯之指出，隋唐五代形成了自愿原则、公平原则、诚信原则。

方法也有一定的局限性。首先，制度考证法将制度作为一个没有思想的个体进行研究，无法解释具体制度建构的精神实质，无法揭示制度背后的思想。人们从其研究可以知晓制度的规则"是什么"，可以从当时的历史背景发掘"为什么"，而无法从思想层面真正把握各个制度建构的"为什么"，最终导致人们无法理解传统民事制度背后的思想。其次，该研究方法难以将传统民法各项制度连接成整体，给世人以传统民法缺乏体系的错觉，既不利于后人系统了解传统民法，也难以提炼统率传统民法全部的建构精神。

采用现代成文民法的结构分析中国传统民法，将分散于各种典籍律例诏令之中的民法规则进行整合，运用现代民法学的术语解说传统民法，这有利于熟悉西学理论的今人理解传统民法，便于人们比较中国传统民法与现代民法的异同，有利于人们将传统民法合理内核与现代民法进行连接。但因西方民法学与传统民法的概念外延与内核不完全一致，运用西方民法学的术语解释传统民法制度，词不达意的窘境难以避免，最终无法准确反映传统民法的制度内容。此外，该研究方法还可能造成中国传统民法主体性地位的丧失，造成中国传统社会存在与西方社会相同民事制度的假象，容易引发似乎传统民法是"西方法在中国的历史"的误解。

总之，上述两种研究方法无法揭示传统民法体系的内在本质。笔者以为，克服上述两种研究方法的缺憾，从本质上认识传统民法的结构，须透过传统民法制度本身，从传统民法立法精神——"经国家、定社稷、序民人"的礼入手。

第二节　礼的"仁内义外"决定传统
民法结构的二元性

法作为文明社会的产物，"定分止争"是其基本功能，正义是法的生命力所在。"法是表示出来的社会的确信，所以是人类社会生活的准则。法的渊源是（人类）的共同精神。"① 但东西方对正义的认定标准并不一致。在西方"团体格局"社会的判断体系中，宗教观念中的平等与公道至关重要。"在象征着团体的神的观念下，有着两个重要的派生观念：一是每个个人在神前的平等；一是神对每个个人的公道。"② 在西方人看来，人格平等与公正就是实现了包括民法在内的法的正义；而中国传统社会认为儒家"礼"是法的精神，"一准乎礼而得古今之平"，合乎礼的要求即是实现了正义。为了实现社会和谐，要求人们"克己复礼"，以礼作为自己的行为准则。如果违背了礼的要求，则须承担刑事责任，"出礼而入刑"。

依照儒家礼教的规定，"父子有亲""夫妇有别""长幼有序""朋友有信"③ 是处理人际关系的基本准则。依此规定，儒家之礼作为行为规范，实行的是内外有别的差异化标准——"仁，内也。义，外也。"④ 仁内而义外的行为规范要求，决定了传统民法具体制度价值追求出现分野：家庭内法律规则以"孝"为核心，注重民事主体行为的"仁孝"；家庭外部的民事制度以"义"为核心，注重民事主体行为的"仁义"。礼的"仁内"与"义外"决定了传统民法结构的二元性，并统一于"礼治"名下，使得传统民法制度呈现出"内外有别"的特征。

一　"仁内"：传统婚姻家庭制度的价值追求

在古人看来，仁与恩是相通的，"恩者，仁也"⑤。其以子女为

---

① 〔日〕石田文次郎：《祁克》，三省堂，1935，第180页。
② 费孝通：《乡土中国　生育制度》，北京大学出版社，1998，第32页。
③ 《孟子·滕文公上》。
④ 《郭店楚墓竹简·六德》。
⑤ 《礼记·丧服四制》。

本体，由内而外地演绎处理婚姻家庭关系的行为准则，属于子德，具有孟子所言"仁，人之安宅也"的功效。

"仁"的首要规则是子女的"孝"（合称"仁孝"），即"百善孝为先"。

首先，子女的"孝"体现于对祖先的祭祀方面。祭祀是古人依照一定的仪式供给祖先血食，以保证祖先在天上正常生活的仪式与规则。依照祭礼的规定，"宗庙之祭用牲，故曰血食"①，而血食的供献最早须由亲族完成，祭祀时须将最好的饮食供给祖先，"馂余不祭"②。子女祭祀时须诚心诚意，严肃端庄，恪守礼仪，"祷祠祭祀，供给鬼神，非礼不诚不庄"③。由于祖先不食他人供奉，故民众也只祭祀自己的祖先，"神不歆非类，民不祀非族"④；而且祭祀必须由嫡长子完成，按时供奉祖先血食即为"仁孝"。

家庭内权利义务分配以祭祀仪式中的地位为据而展开。由于祭祀是祈福的过程，故在祭祀仪式中，嫡长子因其与祖先关系最亲密而主持祭祀，垄断祭祀权，其他诸子依据其与祖先血缘的亲疏程度而分立于自己的位置，服从嫡长子的祭祀安排。嫡长子在祖先面前是晚辈亲属，但在家庭成员面前是一家之长，垄断着祭祀权，故担负着兴旺家族、管理家庭成员的义务，家长制由此形成。而其他家庭成员因无法与祖先沟通，所以只能服从家长的安排，处于从属地位。建立于祭祀权基础上的传统社会家庭，依据各人与祖先血缘的亲疏分配权利与义务，即以家长为核心，逐渐向外延伸，呈现出一个以家长为中心、逐渐递减的家庭权利义务分配模式。家庭成员依据其与家长血缘关系的亲疏，分别处于不同的等级，承担着不同的

---

① 《资治通鉴》卷一《周纪一·威烈王》。
② 《礼记·曲礼上》。
③ 《礼记·曲礼上》。
④ 《资治通鉴》卷一《周纪一·威烈王》。

义务。

为了保证家庭和谐有序，"父慈子孝兄友弟恭妇顺"等价值观被引入其中，核心价值取向为以"孝"为核心内容的"仁"的精神。

其次，孝要求子女尊敬与服从父母等长辈。

在传统社会，晚辈对父母等长辈的仁孝是子女的基本道德要求，"为人子，止于孝"①。在礼教中，仁孝是人之所以为人的基本素质，"人道，亲亲也"②。其以父母长辈为首要，以尊重服从父母为本质要求，"仁者，人也，亲亲为大"③。孝悌是仁的本质内容与施行基础，"孝弟也者，其为仁之本与"④。孝悌也是德行的根本，是教化产生的根源，"夫孝，德之本也，教之所由生也"⑤。在儒家看来，"百善孝为先"，晚辈要孝顺，首要的是真心实意地服从而非外在的虚情假意，论心不论迹，论迹家贫无孝子。在礼教中，孝顺的首要是服从，即"无违"⑥，是指不要违背父母的意志，善待父母，做到"生，事之以礼；死，葬之以礼，祭之以礼"⑦。具体而言，子女尽孝，其义务包括养亲、敬亲、安亲、终身孝四个层次⑧，而最难的莫过于始终保持和悦的态度，即"色难"⑨。孝要求子女"事父母几谏，见志不从，又敬不违，劳而不怨"⑩，即对父母的错误决定在多次劝说而父母不予采纳的情况下，也只能无怨无悔地服从；而如果父母有过错，子女劝他们更改时，子女也要面带

① 《大学》。
② 《礼记·人传》。
③ 《中庸》。
④ 《论语·学而》。
⑤ 《十三经·孝经》。
⑥ 《论语·为政》。
⑦ 《论语·为政》。
⑧ 葛荣晋：《孔子的"孝道"与构建和谐家庭》，《东方论坛》（《青岛大学学报》）2006年第5期。
⑨ 《论语·为政》。
⑩ 《论语·里仁》。

笑容且语调柔和而不能有愤懑之色，"亲有过，谏使更，怡吾色，柔吾语"①。

传统社会的统治者之所以如此推崇孝道，原因是孝顺的人作奸犯科的非常少见，"其为人也孝弟，而好犯上者，鲜矣"②。培养孝道之人是社会稳定的有效途径，"导民以孝，是天下顺"③，明君亦以此治国，"圣人治天下有道，曰'要在孝弟而已'"④。在他们看来，推行孝道能起到刑罚所不能取得的效果，"闻礼义行而刑罚中，未闻刑罚行而孝悌兴也"⑤。随着"儒家思想与法律规则完美结合"⑥的《唐律疏议》的制定，传统民法当然须"一准乎礼"，仁孝自然成为传统婚姻家庭法律制度安排的出发点。

为了贯彻子德的"仁孝"，保证子女尊重与服从父母长辈，传统民法从以下几个方面进行制度安排：

第一，个人婚姻服从父母的意志。在古人看来，婚姻关涉两个家庭，西周时期的婚姻被视为具有"合二姓之好"的功能，而官宦之家更视婚姻为政治联合，"结婚是一种政治行为，是一种借新的联姻来扩大自己势力的机会"⑦。在婚姻缔结的过程中，子女只能服从父母的安排。为了证明婚姻是父母慎重考虑的结果，始于西周时期的纳采、问名、纳吉、纳征、请期、亲迎等六礼程序中，父母是主导者，而子女只是婚姻程序的参与者而非决定者。尽管

---

① 《弟子规》。
② 《论语·学而》。
③ 《汉书》卷八《宣帝纪》。
④ 《新唐书》卷一九五《孝友》。
⑤ （汉）桓宽：《盐铁论·诏圣》。
⑥ 苏亦工先生认为唐律所据以为准之"礼"是唐礼，亦即秦汉以来繁衍变异了的礼。这种礼及其所代表的价值观念或称之为"礼教"，或称其为"名教"，构成了秦汉以后历代帝制王朝的官方正统。但这种"礼"与孔子所倡导的礼已经有了实质性的差别。参见苏亦工《唐律"一准乎礼"辨正》，《政法论坛》2006 年第 3 期。
⑦ 〔德〕恩格斯：《家庭、私有制和国家的起源》，人民出版社，1972，第 58 页。

《礼记·昏义》中的"六礼"历经变化①，但"父母之命，媒妁之言"的婚姻成立基本要件没有发生本质改变，子女在婚姻缔结过程中必须遵从父母的意志。"取妻如之何？必告父母"②的规定，将子女的婚姻自主权完全剥夺。即使年轻男女私定终身，如果双方父母不同意，婚姻依旧无效。男女如私奔，则会背负不孝的骂名，在以熟人为主的乡土社会，他们将难以立足，"父母国人皆贱之"③，或许只有如梁山伯与祝英台般化蝶才能厮守。

第二，尊重家长的人格，维护尊亲属的人格权。自原始社会母系氏族逐步过渡到父系氏族以后，家庭的主导权就逐步被男子所控制，长辈男子在家庭中占有家长所具有的优势地位。农耕经济基础上的中国传统社会实行的是家庭成员共财、长辈人格优先、责任上"亲亲相隐"的大家庭模式。在此模式之下，晚辈必须尊重尊亲属的人格尊严，严禁咒骂长辈，否则将犯"不孝"之罪，受严厉处罚。为了保证尊亲属的人身权不受侵犯，法律规定晚辈不得殴打乃至谋杀长辈，否则按"恶逆""不睦"之罪处罚。即使长辈犯罪，为了避免长辈的名誉受损，晚辈也不得向官府控告，除非犯有"十恶"之罪。即使长辈对晚辈的教育超出正常范围，晚辈也无权实行"正当防卫"，而只能如汉朝韩婴在《韩诗外传》第八卷中所言一般，"小箠则待笞，大杖则逃"。为了保障长辈对家庭财产的支配权，法律规定晚辈不得"别籍异财"、遗弃尊亲属，非经父母允许不得分家独立，不得抛弃父母而独自外出游玩，"父母在，不

---

① 汉以后至南北朝，皇太子成婚无亲迎礼，其中东汉至东晋因社会动荡，仅行拜时（拜公婆）之礼；隋唐时期，皇太子恢复行亲迎礼，帝室成婚照六礼行事；宋代官宦贵族依六礼，民间仅行四礼，省去问名和请期，分别并入纳采和纳征程序；明朝时期的《朱子家礼》将纳吉省去，唯采三礼并成为明代的定制；清代重纳采、亲迎二礼，中间加女家铺房一礼，依清《通礼》载，汉官七品以上才实行议婚、纳采、纳币、请期、亲迎五礼；清末后，六礼逐渐衰落。

② 《诗经·齐风·南山》。

③ 《孟子·滕文公下》。

远游，游必有方"①。对于"别籍异财"的子女，一般判处三年劳役，特定时期特定地点甚至判处死刑②。为了使父母等长辈有尊严地活着，晚辈在能力所及范围内，必须承担赡养老人的义务而不得"供养有阙"，否则属于子女违反教令而会受到法律制裁。至于父母的姓名权，"名讳"二字将子女排除在冒犯之外，子女不得直呼家长姓名。

第三，尊重家长的家庭财产处分权，维护家庭财产共有制。传统中国家庭主要实行同籍共财制度，家庭成员的收入属于家庭成员共有，家长代表家庭行使财产的处分权，不仅子女"别籍异财"的行为不为法律所允许，而且子女擅自处分家庭财产也属于"盗卖"行为而为法律所打击。此外，子女个人也不得私藏财物，"父母在，不敢有其身，不敢私其财"③。在古人看来，与父母分异财产，既有违侍养之道，也有悖于慈亲之心，有违于仁孝伦理要求。只要尊长在世时，"大家庭多不分异财产，恪守同籍共财的传统"④，三代同堂或四世同堂被视为一种美德。即使妻子因丈夫去世而改嫁也不能损害家长的财产处分权，"夫家财产及原有妆奁并听前夫之家为主"⑤，否则即为不孝。

总之，作为子德的仁孝以孝顺父母为出发点，是其传统婚姻家庭制度的基本准则，以期实现"仁之法在爱人，不在爱我"⑥的目的。

---

① 《论语·里仁》。
② 《唐律疏议·户婚》曰："诸祖父母、父母在而子孙别籍异财者，徒三年"；《宋刑统·户婚律·卑幼私用财》曰："诸同居卑幼私辄用财者，十匹笞十，十匹加一等，罪止杖一百。"《宋史·太祖纪二》曰"诏川陕诸州，察民有父母在而别籍异财者，论死。"《大清律例·户律·户设》曰："凡同居卑幼，不由尊长，私擅用本家财物者，十两笞二十，每十两加一等，罪止杖一百。"
③ 《礼记·坊记》。
④ 魏道明：《古代社会家庭财产关系略论》，《青海师范大学学报》（哲学社会科学版）1997 年第 1 期。
⑤ 田涛、郑秦点校《大清律例》卷八，法律出版社，1999，第 179 页。
⑥ 《春秋繁露·仁义法》。

二　"义外"：传统民事交易制度的价值追求

在儒家礼教看来，"义"是人们行为合理性的判断标准，"善不善本于义，不于爱"①；是待人接物的基本行为准则，"行而宜之谓之义"②；是人们在世间立足之道，"义，人路也"③；也是处理人际关系的伦理准则，"义，人之正路也"④。

在儒家看来，"义"的本质在于自我约束，即"义之法在正我，不在正人"⑤，要求人们自身行为须适宜，"义者，谓宜在我者"⑥。在人际交往中，儒家的"义"要求人们严于律己，"己欲立而立人，己欲达而达人"⑦；要求人们不能强人所难，不能强迫他人做自己不愿做的事情，"己所不欲，勿施于人"⑧；要求人们须换位思考，不能将违背自己意愿的事情强加于他人，"施诸己而不愿，亦勿施于人"⑨。儒家认为恪守"忠恕之道"方为仁义。

在儒家看来，要成为谦谦君子，须以践行"义"为首要，"君子之于天下也，无适也，无莫也，义之与比"⑩。在儒家礼义看来，"义"是君子的必备要素，"君子义以为质，礼以行之，孙以出之，信以成之，君子哉"⑪。即君子必须以"义"为根本，以礼作为行为准则，用谦逊的方式表达并以诚信来践行。

为了保证"义"的实现，儒家主张重义轻利，如孔子提出

① 《吕氏春秋·有始览·听言》。
② （唐）韩愈：《原道》。
③ 《孟子·告子上》。
④ 《孟子·离娄上》。
⑤ 《春秋繁露·仁义法》。
⑥ 《汉书·董仲舒传》。
⑦ 《论语·雍也》。
⑧ 《论语·颜渊》。
⑨ 《礼记·中庸》。
⑩ 《论语·里仁》。
⑪ 《论语·卫灵公》。

"君子喻于义，小人喻于利"①，孟子主张"仁义而已矣，何必曰利"②，董仲舒提出"正其谊（义）不谋其利，明其道不计其功"③。

在传统社会，人们认为"做人"先于"做事"，做人的道德准则就是做事的基本原则。"做人"的道德准则——"义"也就成为人们参与民事活动、处理民事关系的基本准则。交易作为做事的一部分，当然要以"义"为指导，而规范做事——民事交易活动的传统民法同样也须体现"义"的要求。具体而言，这主要体现在以下几方面：

首先，仁义精神要求人们"己所不欲，勿施于人"④，不能强人所难而应奉行自愿原则。传统交易制度中称契约为"合同"，取"天下所通行、常人所共晓"和两相情愿合意而成之意⑤。在订立契约时，法律强调双方当事人"合意""不得抑勒"，对于"取与不合"和"固取者"，都要"重置典宪"⑥。同时，传统民法亦明确规定"甘愿""情愿""和同""自认""自甘"或"亲请凭中上门""愿"等表达自愿内容的字眼须得列明于合同之中，作为契约的形式要件。同时，历朝法典均对违反自愿原则的"买卖不合较固""把持行市"一类的行为予以打击。

其次，仁义精神要求人们"信以成之"，以诚信的态度对待他人，诚信履行自己的义务。在传统民法中，《唐律疏议·杂律》的"买奴婢牛马不立券"条明确规定田宅、奴婢、牛马等重大标的物买卖实行契约登记制度，同时《宋刑统·杂律》"校斗秤不平""受寄财物辄费用"等条，《大明律·户律》"盗卖田宅"条及

---

① 《论语·里仁》。
② 《孟子·梁惠王上》。
③ 《汉书》卷五六《董仲舒传》。
④ 《论语·颜渊》。
⑤ 孔庆明等编著《中国民法史》，吉林人民出版社，1996，第231页。
⑥ 张晋藩：《中华法制文明的演进》，法律出版社，2010，第502页。

《大清律例·户律》"盗卖田宅""盗买田宅"等条皆对民事主体不诚实履约的诈欺行为规定了处罚措施。为了保证诚信履约，历朝法典还明确规定了度量衡单位官定的制度，《唐律疏议·杂律》的"器用绢布行滥短狭""市司评物价不平""私作斛斗秤度"，《宋刑统·杂律》"校斗秤不平"，《大明律·户律》"盗卖田宅"及《大清律例·户律》"市司评物价""私造斛斗秤尺""器用布绢不如法"等条皆规定了对破坏度量衡制度的处罚。

最后，仁义精神要求人们要重义轻利而不能见利忘义。先秦儒家认为，追求富贵而厌恶贫困是人的本性，但不能见利忘义，不能为了摆脱贫困而不择手段地谋利。"富与贵，是人之所欲也；不以其道得之，不处也。贫与贱，是人之所恶也；不以其道得之，不去也。"① 传统民法主张买卖公平，严禁以次充好，严禁"卖物以贱为贵，买物以贵为贱"；主张借贷中的一本一利，反对"违禁取利"；主张合法经营，反对"诈欺公私财物""食官私田园瓜果"；主张合法讨债，要求按时履行债务，反对"负债强牵财物"。

总之，儒家的礼包含"仁内"与"义外"两种截然不同的精神，而传统民法以礼为指导思想，故二元性的礼决定了传统民法结构的二元性。其家庭之内的婚姻家庭制度实行以孝为中心的差等制，而家庭之外的交易制度实行以自愿为中心的平等制，传统民法的"内外有别"特征由此形成。

第三节　"仁内义外"与传统民法立法
原则的二元性

"原则"一词来源于拉丁文 principium，有"开始、起源、基

---

① 《论语·里仁》。

础、原则、原理、要素"等含义①。民法的基本原则是民法的主旨和基本准则，它是制定、解释、执行和研究民法的出发点，也是民法本质和特征的集中体现，是高度抽象的、最一般的民事行为规范和价值判断标准②。传统民法建构于礼的精神之上，必然要体现仁义精神的总体要求。而"仁内义外"导致传统民法家庭内外的法律制度呈现出二元性：婚姻家庭制度以仁孝为价值追求，以家长为中心，呈现出权利分配逐级递减的格局，即以差等作为家庭内部权利的分配原则，体现不平等的法律特征；交易制度以仁义为价值追求，以交易行为为中心，以认可交易主体价值诉求为前提，追求权利义务的公平性，呈现出交易权利义务平等的法律特征。差等性原则是维护自然经济再生产的条件——家庭稳固的需要，平等性原则是维护商品交易顺利进行的条件——交易自愿的需要，两种原则于传统民法之中并行不悖，折射出传统民法制度的二元性。"自西周至清末宗法伦理主义之礼一以贯之"③，"仁孝"的差等原则与"仁义"的平等原则并行于传统民法之中，成为中国传统社会民事立法的基本原则。

一　传统民法的差等原则

周公所制之礼以宗法等级制为核心，据此西周形成家国一体的政治格局。周王以大宗宗主的身份主宰国家政治、经济权力，地方诸侯以地方大宗宗主的身份享有统辖地方政治、经济权力，家长则享有统辖家庭的各项权力。他们因身份、地位不同而享有不同的政治、经济权力，等级制由此得以明确，而身份成为权力划分的依

---

① 徐国栋：《民法基本原则解释：成文法局限性之克服》，中国政法大学出版社，1992，第7页。
② 王利明：《民法总则研究》，中国人民大学出版社，2012，第104页。
③ 武树臣：《中国传统法律文明的现代观察——论中华法系的社会成因和发展轨迹》，《华东政法大学学报》2012年第1期。

据。封建社会虽然以郡县制取代宗法制，但周礼的"尊尊""亲亲"等精神经董仲舒改造成"三纲"原则而得以延续。"朝廷之礼，贵不让贱，所以有尊卑也；乡党之礼，长不让幼，所以明有年也；宗庙之礼，亲不让疏，所以有亲也。此三者行，然后王道得。"① 婚姻家庭民事立法与政治身份保持一致，共同体现贵贱、亲疏、尊卑、上下、长幼等级次序的要求。

首先，男女在家庭中的法律地位具有差等性。由于家庭是依照血缘传承、家庭祭祀的需要而构造，所以男女家庭地位的不平等始于出生而终于死亡。具体而言，这主要表现在以下几个方面：

第一，男女出生时享有待遇不同。在中国传统社会，家庭待男子与女子出生的态度截然不同。生男孩称为弄玉之喜，家庭为新生男孩准备各类生活用品，极尽奢华；生女孩只能称为"弄瓦之喜"②，家庭对待新生女孩冷若冰霜，对其生活用品的准备持应付了事的态度。

第二，男女成长过程中的待遇不同。在传统社会，国家要求男孩"修身齐家治国平天下"，建功立业、报效国家是社会的期待；家庭要求男孩担负绵延子嗣、光大门楣的重任，故享受各类教育资源、攻读经史子集、社交游学是男孩的特权，"风流才子"是对其行为不检的宽容。而社会主张"女子无才便是德"，"三从四德"③是传统社会女子的行为规范；至于家庭对女孩的要求仅仅是通晓《女诫》而已。

第三，结婚之后，男子享有独立的姓名权，而妻子则脱离父

---

① 《白虎通义·礼乐》。
② 《诗经·小雅·斯干》云："乃生男子，载寝之床，载衣之裳，载弄之璋……乃生女子，载寝之地，载衣之裼，载弄之瓦。"
③ 《仪礼·丧服》云："妇人有三从之义，无专用之道。故未嫁从父，既嫁从夫，夫死从子。"《周礼·天官·九嫔》云："九嫔掌妇学之法，以教九御：妇德、妇言、妇容、妇功。"

宗，归入夫族，只能从夫姓；男子在"别籍异财"之前，依旧属于家庭成员之一，而女子出嫁后脱离原家庭而成为男方家庭成员。另外，丈夫可以在外建功立业、风流成性，妻子却只能恪守妇道。如果妇女违背妇道，"妇女有出堂言及外之事，议罚"①；如果妻子出轨，则当受"和奸"条处罚。即使夫亡，妻子仍须从子而无人身自由。

第四，如果夫妻感情不和，离婚的主动权掌握在丈夫手中。在儒家看来，丈夫是妻子的"天"，而妻子是"地"，妻子没有离开丈夫而独自生活的权利，"地无去天之义也，夫虽有恶不得去也"②。即使在思想比较开明的唐朝，虽然妇女可以离婚，但非易事。而就整体而言，中国传统社会并不支持妻子离婚。即使丈夫去世，妇女改嫁也受到诸多限制，如隋开皇十六年（596年）就诏令：官员九品以上夫亡妻不许改嫁③，而五品以上夫亡妾不许改嫁。乃至明、清时期律例依旧规定：七品以上官员之妻夫亡改嫁的，杖一百，并追夺诰封。而丈夫离婚则相对比较自由，法律明确规定了丈夫可以"七出"之名休妻，唯有妻子具有"三不去"情节的情况下，丈夫不可休妻，此乃维护儒家伦理所需。此外，丈夫既可以依据"七出"休妻，甚至可以根据生活需要或自己的意愿将妻子转嫁（卖），当然也可以纳妾。

第五，在家庭生活中，家庭财产的处分权专属丈夫，妻子没有"私财"。在传统民法中，丈夫是一家之主，享有家庭共有财产的处分权，家庭牛马田宅及奴婢等重大财产的转让须经家长签字或同意，否则无效。而妻子只享有家庭财产使用权，并无所有权，如妻

---

① 《（安徽黟县）古黟环山余氏宗谱》，转引自叶孝信主编《中国民法史》，上海人民出版社，1993，第29页。

② 《白虎通义·嫁娶》。

③ 转引自曾尔恕、张志京《论中国古代法和罗马法中的夫权》，《政法论坛》1995年第2期。

子掌家，则属于"牝鸡司晨，惟家之索"之类的行为，难以为社会所容许。如果主妇藏有私财，则犯"七出"中的"窃盗"条，丈夫可据此"出妻"。尽管清律明令禁止买休、卖休，但鉴于妻子在婚姻中具有一定的经济价值，"将其转嫁（卖）以获取一定的钱财，成为清代民间处置的主要方式"①。在此情况下，妻子本身也成为丈夫财产的组成部分。而在继承方面，即便夫死无子，寡妇也没有遗产继承权，家庭财产由"命继""过继"或"兼祧"的本家族子孙继承。如寡妇改嫁，不但家庭共有财产的使用权将丧失，而且其嫁妆也须由夫家处分。

其次，父母子女在家庭中的法律地位具有差等性。在传统社会中，父母掌握着家庭共有财产的所有权，子女无财产权。依照儒家礼教观点，父母掌控家庭财产，子女不能有私藏财物，"父母在，不敢有其身，不敢私其财"②。家庭财产的处分权归属于父母，子女既不可私自将财产借给他人，也不能私自将财产赠与他人，"不敢私假，不敢私与"，甚至不能要求分家。子女若有违反，依照唐以后律典的规定，须受"卑幼私辄用财"及"父母在及居丧别籍异财"等条的处罚。在家庭生活中，父母担负管教子女的职责，子女须服从父母的管教。在儒家礼教看来，教育子女是父母的责任，"养不教，父之过"；如果子女不服从管教，父母可以"子孙违犯教令"为由，借助官府的力量惩治子女。

最后，父母控制着子女婚姻的决定权。在中国传统社会，婚姻是关涉两个家族关系的大事，不仅关系宗庙的供奉，也关系子嗣兴旺发达，双方父母极为重视，即"昏礼者，将合二姓之好，上以

---

① 郭瑞卿：《从婚姻之诉看清代地方司法审判——以判牍为中心》，载陈金全、汪世荣主编《中国传统司法与司法传统》，陕西师范大学出版社，2009，第614页。

② 《礼记·坊记》。

事宗庙，而下以继后世也，故君子重之"①。父母同意是缔结婚姻关系的必要条件，"嫁娶皆由祖父母、父母主婚"②，并且婚姻的缔结还需媒人牵线搭桥，"婚娶之礼，先凭媒氏"③。"父母之命，媒妁之言"构成了男女婚姻的基本要求。男女当事人只是"六礼"（纳采、问名、纳吉、纳征、请期、亲迎）程序的践行者而非决定者。至于晚辈谩骂、殴打祖父母、父母，则属于十恶之"恶逆""不孝"之罪，当给予最严厉的刑事处罚，并且"常赦不原"，更显长辈在晚辈面前的特权④。

二　传统民法的平等原则

平等是公平、自愿的保障，没有平等，公平、自愿等价值难以实现。平等的心理学、社会学基础是"人希望得到其他成员的尊重，获取同等的社会地位、权威"⑤。平等之所以需要以法律形式加以保护，主要原因在于社会团体或成员不愿受他人统治的内心欲望和每一个人成为自己主人的理想。民法意义上的平等是指在一切民事活动中一切当事人法律地位平等。其核心内容是民事活动主体意思自治，任何人无权将自己的意志强加于对方，当主体的权利受到侵害时同等地得到法律的保护。但此处的"平等"即非指当事人一般的法律地位平等，也非指当事人民事权利完全平等，而是指当事人在交易中的法律地位平等。即使在今天看来，民事主体行为能力犹如结婚受年龄的限制一样，亦不可能完

---

① 《礼记·昏义》。
② 《大清律例·户律·婚姻》。
③ （宋）吴自牧：《梦粱录》卷二〇。
④ 张仁善认为，清朝父家长对家庭成员的财产、婚姻、人身自由等有着绝对的控制权。参见张仁善《清朝前期"律"和"例"维护父权效用之考察》，《南京大学法律评论》2000年春季号。
⑤ 〔美〕E.博登海默：《法理学：法律哲学与法律方法》，邓正来译，中国政法大学出版社，1999，第288页。

全平等。建立于等级制度之上的中国传统社会，不可能提出类似美国《独立宣言》中"人人生而平等"的口号，也没有学者如洛克般阐释天赋人权理论，但从来不乏追求平等的思想。春秋时孔子的"丘也闻有国有家者，不患寡而患不均，不患贫而患不安"① 的财产权利平等思想，秦末陈胜、吴广的"王侯将相宁有种乎"② 的政治权利平等思想，王小波、李顺的"吾疾贫富不均，今为汝均之"③ 的政治经济权利平等思想均反映出古人对平等的渴求。

东西方法律中平等思想产生的根源不同。西方的平等思想源于教会法的"上帝会平等地对待他所有的子民，子民在上帝面前一律平等"的教义；东方的平等思想源于儒家的仁义思想，在民而言是"忠恕之道"精神的体现，在官而言是"恤民"与"安邦"的需要。"中国古代社会中，和谐则是法追求的终极目标。"④ 为了稳定社会秩序，保证商品交易的顺利进行，历代法典、例令及判例多体现平等原则，并借助独有的刑罚手段来维护民事主体享有的平等权。

首先，官民民事交易的法律地位平等。中国传统社会一般采用禁止性规则防止官僚利用特权地位谋求非法利益，保证民事交易的平等性。其主要体现在历代法典的违禁取利条或职制部分。如《唐律疏议·职制》的疏议规定，官员在其管辖区域范围内买入或卖出货物时，按照市价评估获得额外利益的，要计算所得额外利益并以"乞取监临财物"论处；如果凭借权力强行购买货物的，即使与市价一致也要鞭笞五十下；如果获得额外利益的，按照所获得

---

① 《论语·子路》。
② （汉）司马迁：《史记》卷四八《陈涉世家》。
③ （宋）杨仲良：《皇宋通鉴长编纪事本末》卷一三。
④ 马小红：《礼与法：法的历史连接》，北京大学出版社，2004，第56页。

的利益，以枉法裁判论处①另外，唐令还要求"诸官与私交关，以物为价者，准中估价即悬评赃物者"②。唐顺宗《即位赦文》则要求"亲族应缘宫市，并出正文帖，仍以时价买卖，不得侵扰百姓"③。再如明朝注重防止官员在典当与买卖中获得额外利益。依照《大明律·户律·钱债》中的规定，如果地方主管官员在其主管区域范围内违规放贷、典当财物，杖责八十；如果违反规定获取利益的，所获得的额外利益较多的依照徇私枉法罪论处，并将多余利益退回原所有人④。即使候选官员、监生等人借债五十两以上，也为法律所禁止，须受革职处罚。在官私交易的过程中，唐律还要求双方主体地位的形式平等，"除官市买条：凡除官市买者，皆就市交易。不得坐召物主，乖违时价，不论官私交付，其价不得悬违"。⑤通过上述规定可知，传统社会杜绝地方权贵凭借优势地位侵害老百姓的交易自由权，保证老百姓与官员在交易中地位平等。

其次，官民豪强在婚姻关系中的法律地位平等。为了防止地方官员强娶民女，历朝法律一般禁止地方官员与所管辖区域内的女子结婚，以保证婚姻关系中双方地位平等。如明朝法律规定：凡是州府县等地方官，在任期内娶任所内老百姓家的妇女为妻妾的，给予

---

① 《唐律疏议·职制》疏议曰："官人于所部卖物及买物，计时估有剩利者，计利，以乞取监临财物论。'强市者笞五十'，谓以威若力强买物，虽当价，犹笞五十；有剩利者，计利，准枉法论。"

② 唐《关市令》十三"官私交关条"。

③ 《全唐文》卷五五。

④ 《大明律·户律·钱债》云：凡私放钱债及典当财物，每月取利，并不得过三分。年月虽多，不过一本一利。违者，笞四十。以余利计赃重者，坐赃论。罪止杖一百。若监临官吏，于所部内举放钱债、典当财物者，杖八十；违禁取利，以余利计赃重者，依不枉法论。并追余利给主。其负欠私债，违约不还者，五贯以上，违三月笞一十，每一月加一等，罪止笞四十。五十贯以上，违三月笞二十，每一月加一等，罪止笞五十。二百五十贯以上，违三月笞三十，每一月加一等，罪止杖六十。并追本利给主。若豪势之人，不告官司，以私债强夺去人孳畜产业者，杖八十。若估价过本利者，计多余之物，坐赃论，依数追还。若准折人妻妾子女者，杖一百。强夺者，加二等。因而奸占妇女者，绞。人口给亲，私债免追。

⑤ 《唐令·关市》。

杖八十的处罚；如果主管官员娶当事人妻妾及其女儿为妻妾的，给予杖一百的处罚，女方一并治罪，并强制离婚①。《大清律例·户律·婚姻》也有类似规定。此规定看似剥夺了地方女子与地方官员结婚的权利，实际上这既是为了防止地方官员利用权力侵犯地方老百姓的婚姻决定权，保证官民婚姻关系平等权的实现，也是为了避免地方官员与地方势力借婚姻勾结，危及皇权。不仅如此，为了防止地方豪强侵害百姓婚姻的决定权，封建法律严厉打击地方豪强欺男霸女的行为，以保证豪强与百姓婚姻地位的平等。对此，诸如《大明律》与《大清律例》设置了同样的规定：凡是豪强之人，强行抢夺良家人的妻子和女儿或强奸后霸占为妻妾的，处以绞刑，妇女归还其亲人；如果是婚配给自己的子孙弟侄家人的，给予同样的处罚；如果是卖给他人为妻妾或投献王府等豪强家庭的，比照处理②。

再次，国有土地分配权相对平等。学界一般认为，物权概念起源于罗马法，罗马法学家就曾经使用过对物的权利③以及对物之权④的概念。虽然我国传统民法没有物权概念⑤，但传统社会存在物权制度，典型的是土地分配制度。土地作为传统社会最重要的生

---

① 《大明律·户律·婚姻》：凡府、州、县亲民官，任内娶部民妇女为妻妾者，杖八十。若监临官娶为事人妻妾及女为妻妾者，杖一百。女家并同罪。妻妾仍两离之。女给亲，财礼入官。强娶者，各加二等。女家不坐，不追财礼。若为子孙、弟侄、家人娶者，罪亦如之，男女不坐。

② 《大明律·户律·婚姻》：凡豪势之人，强夺良家妻女、奸占为妻妾者，绞。妇女给亲。配与子孙、弟侄、家人者，罪亦如之。男女不坐。凡强夺良人妻女，卖与他人为妻妾及投献王府，并勋戚势豪之家者，俱比照强夺良家妻女、奸占为妻妾绞罪，奏请定夺。

③ 〔意〕彼德罗·彭梵得：《罗马法教科书》，黄风译，中国政法大学出版社，1992，第183页。

④ See Vinding Kruse, *The Right of Property*, Oxford 1953, p.131.

⑤ 我国民法上的物权概念首见于2007年3月16日颁布的《中华人民共和国物权法》，该法第二条规定"本法所称物权，是指权利人依法对特定的物享有直接支配和排他的权利，包括所有权、用益物权和担保物权。"

产资料，自古即为统治者所重视①。唐之后的传统民法明确土地分配制度，同等条件的自由民享有平等的土地分配权。如隋唐法律规定依男女性别、年龄、健康状况及婚姻状况等因素，实行标准相对统一的授田制度，并由此形成了土地私有权②。唐高祖武德七年（624 年）的计口均田法就规定，丁男（18 岁以上）和中年男子（21 岁以上）各受永业田 20 亩、口分田 80 亩，而老男（60 岁以上）、笃疾及废疾者各授 40 亩。寡妻妾如果是户主，则授 20 亩永业田，否则没有永业田，只授口分田 30 亩。此外，传统法还依据官品爵位不同实行不同的授田标准。如依照武德授田令，王公贵族和各级官员，可按官品爵位分配获得 60～100 亩不等的永业田③，此外一至九品官员还能分配获得一定数量的职分田与公廨田。其中，永业田由官府授以农家世以为业，受田者去世后由子孙继承，口分田在受田男子死后须退还官府④，禁止转让，否则要受到刑罚处罚⑤。至于宅基地及墓地，传统民法对之亦有规定。如据《隋书·食货志》记载，百姓"园宅，率三口给一亩，奴婢则五口给

---

① 西周实行井田制，春秋战国时期被破坏，秦朝实行以军功授爵授田，西汉时期实行以限田为主体内容、"占田与限田融为一体"的"名田制"，隋唐时期土地逐步由国有向私有转轨，至北宋时期基本实现土地的私有化。

② 柴荣、柴英认为："唐代土地私有权的形态从立法层面包括永业田、园宅墓田、寺院土地。"参见柴荣、柴英《唐代土地私有权问题研究》，《史学月刊》2007 年第 8 期。

③ 《通典·食货·田制下》云："亲王百顷，职事官正一品六十顷，郡王及职事官从一品各五十顷，国公若职事官正二品各四十顷，郡公若职事官从二品各三十五顷，县公若职事官正三品各二十五顷，职事官从三品二十顷，侯若职事官正四品各十四顷，伯若职事官从四品各十顷，子若职事官正五品各八顷，男若职事官从五品各五顷。上柱国三十顷，柱国二十五顷，上护军二十顷，护军十五顷，上轻车都尉十顷，轻车都尉七顷，上骑都尉六顷，骑都尉四顷，骁骑尉、飞骑尉各八十亩，云骑尉、武骑尉各六十亩。"

④ 《旧唐书》卷四八《食货志上》记载，永业田在武德年间为世业田："武德七年，始定律令。以度田之制：五尺为步，步二百四十为亩，亩百为顷。丁男、中男给一顷，笃疾、废疾给四十亩，寡妻妾三十亩。若为户者加二十亩。所授之田，十分之二为世业，八为口分。世业之田，身死则承户者便授之；口分，则收入官，更以给人。"

⑤ 《唐律疏议·户婚》云："诸卖口分田者，一亩笞十，二十亩加一等，罪止杖一百；地还本主，财没不追。应合卖者，不用此律。"

一亩"。而唐代法律则规定：普通百姓授予墓地的标准为一家良人三人给一亩，三人以上加一亩；而贱民五人才给一亩，五口以上另加一亩。①

尽管唐之后传统社会的土地分配存在身份上的不平等②，但犹如现今的农村宅基地使用权唯本集体经济组织成员享有之规定，其无害传统民法的平等性特征。分配标准的统一，实际上保证了同等情况的自由民享有同等的土地分配权，体现了国家土地分配中的相对平等。

最后，官民人身、财产等利益受法律保护。在传统社会的统治者看来，"王者之政莫急于盗贼"。历代法典不仅保护皇族的人身、财产权益，亦严厉惩罚对公私财产的侵夺行为。如《唐律疏议·贼盗》规定了对抢劫和盗窃行为的处罚，无论盗窃公私财物都须给予处罚。而《宋刑统·贼盗律》"强盗窃盗"门规定：强盗没有获得财物的判处两年徒刑；如果获得一尺布，则判处三年徒刑，取得二匹布的加一等处罚；取得十匹布或者伤人的，判处绞刑；如果因抢劫盗窃杀人的，处斩刑③。明、清时期法律则更突出了对强盗行为的打击力度。《大明律·刑律·贼盗》"强盗"律规定：实行了强盗犯罪行为，即使没有获得财物也须杖一百，流三千里；如果获得财物，则不分首犯与从犯，一概斩首④。《大清律例·刑律·

① 《唐六典·尚书·户部》云："凡天下百姓给园宅地者，良口三人给一亩，三口加一亩；贱口五人给一亩，五口加一亩。"
② 有学者提出，唐前期的均田律中，工商业者永业田、口分田各减半给之，在狭乡并不给的规定，表明在社会关系中工商业者与庶民的不平等。参见张晋藩《中国民法通史》，福建人民出版社，2003，第325页。
③ 《宋刑统·贼盗律》载："诸强盗，不得财徒二年，一尺徒三年，二匹加一等，十匹及伤人者绞，杀人者斩"。
④ 《大明律·刑律·贼盗》载："凡强盗已行而不得财者，皆杖一百、流三千里。但得财者，不分首从皆斩。若以药迷人图财者，罪同。若窃盗临时有拒捕及杀伤人者，皆斩。因盗而奸者，罪亦如之。共盗之人，不曾助力，不知拒捕、杀伤人及奸情者，止依窃盗论。其窃盗事主知觉，弃财逃走，事主追逐，因而拘捕者，自依罪人拒捕律科断。"

贼盗》的规定与《大明律》相同。为了提高对强盗行为的打击效果，唐以后律典还规定了受害人邻居等必须见义勇为，否则也须受到处罚。依《唐律疏议·捕亡》规定：邻居被抢劫、盗窃或发生杀人命案，被告知而不及时救助的，杖一百；听到而不救助的，减一等处罚；即使自己没有能力救助，也必须及时就近告知官府，否则也要承担刑事责任①。明清时期也有类似规定，如《大清律例·刑律·贼盗》规定："强盗行劫，邻佑知而不协拿者，杖八十。"为了鼓励民众救助他人的生命财产，封建国家规定了诸多的奖励措施。如唐朝时期对捉拿盗贼的给予重奖②；明朝不但对捕获盗贼者给予物质上的奖励，而且试行赏官制。洪武元年（1368 年）颁布的《大明令》规定："凡捕获强盗一名、窃贼二名，各赏银二十两。强盗五名以上，窃贼十名以上，各与一官。"

封建帝国不仅对暴力侵害民众生命与财产权的行为予以打击，而且对采用非暴力手段侵害公私财产的行为予以惩处。例如，《唐律疏议·户婚》规定：未经允许擅自耕种公私田一亩以下的笞三十，达到五亩的加一等；累计达到杖一百刑罚的，每增加十亩加一等处罚，最高处徒刑一年半；另如果冒认公私土地并擅自出售的，一亩以下笞五十，每增加五亩加重一等处罚，最高刑罚可达二年徒刑③。《宋刑统·户婚律》对于此类行为的处罚较唐律轻④，至明朝则将该罪名变更为"盗卖田宅"，其对盗卖私田的处罚与唐律相

---

① 《唐律疏议·捕亡》载："诸邻里被强盗及杀人，告而不救助者，杖一百；闻而不救助者，减一等。力势不能赴救者，速告随近官司，若不告者，亦以不救助论。"
② 据仁井田陞《唐令拾遗》"捕亡令第 28"载："诸纠捉盗贼者，所征倍赃，皆赏纠捉之人。家贫无财可征及依法不合征倍赃者，并计得正赃，准五分与二分，赏纠捉人。若正赃费尽者，官出一分，以赏纠捉人。"
③ 《唐律疏议·户婚》："诸盗耕种公私田者，一亩以下笞三十，五亩加一等；过杖一百，十亩加一等，罪止徒一年半。""诸妄认公私田、若盗贸卖者，一亩以下笞五十，五亩加一等；过杖一百，十亩加一等，罪止徒二年。"
④ 《宋刑统·户婚律》："诸盗耕种公私田者，一亩以下笞十三，五亩加一等，过杖一百，十亩加一等，罪止徒一年半。"

同，但对盗卖官田的行为则规定刑罚各加二等①。同时，为了防止官吏利用职务之便侵夺公私土地，唐朝对官员的处罚较常人更重，最高可判徒刑二年半；而明朝则比常人处罚重二等，且明确规定盗耕等行为的收益归还原主。此外，在唐朝，即使盗耕他人的墓地也要受到处罚，可见中国历史上对官民不动产保护的细致②。

历代法典还注重对公私的动产及其孳息的保护。如唐朝法律规定，私自放纵公私牲畜损毁或食用公私财物的，笞三十；损毁严重的，按照坐赃论处；如果是过失造成的，减二等处罚，并赔偿损失③。又如宋代对狗伤人给予特别处罚，狗自己捕杀或咬伤他人牲畜的，狗的主人要赔偿损失④。明朝则特别重视对器皿、庄稼、树木等动产的保护，依照《大明律·户律·田宅》规定，如果毁弃他人器物，或者毁坏、盗伐他人庄稼的，按照赃物的多少以盗窃论处，免于发配，如果是官府财物的则加二等处罚⑤；如果擅自偷食他人田地里瓜果之类的，按照坐赃论处，毁弃的，给予同样的处罚；如果是官员用于酿酒的，加重二等处罚⑥。

---

① 《大明律·刑律·贼盗》："凡盗耕种他人田者，一亩以下笞三十，每五亩加一等，罪止杖八十。荒田减一等。强者，各加一等。系官者，各又加二等。花利归官主。"

② 《唐律疏议·户婚》规定："诸盗耕人墓田，杖一百；伤坟者，徒一年。即盗葬他人田者，笞五十；墓田，加一等，仍令移葬。若不识盗葬者，告里正移埋，不告而移，笞三十。"

③ 《唐律疏议·厩库》"诸放官私畜产，损食官私物者，笞三十；赃重者，坐赃论，失者，减二等，各偿所损。"

④ 《宋刑统·厩库律》："诸犬自杀伤他人畜产者，犬主偿其减价；畜自相杀伤者，价减价之半。即故放令杀伤他人畜产者，各以故杀伤论。"

⑤ 《大明律·户律·田宅》："凡弃毁人器物及毁伐树木稼穑者，计赃，准窃盗论，免刺。官物加二等。若遗失及误毁官物者，各减三等，并验数追偿。私物，偿而不坐罪。若毁人坟茔内碑碣、石兽者，杖八十。毁人神主者，杖九十。若毁损人房屋墙垣之类者，计合用修造雇工钱，坐赃论，各令修立。官屋加二等。误毁者，但令修立，不坐罪。"

⑥ 《大明律·户律·田宅》："凡于他人田园，擅食瓜果之类，坐赃论。弃毁者，罪亦如之。其擅将去及食系官田园瓜果，若官造酒食者，加二等。主守之人给与及知而不举者，与同罪。若主守私自将去者，并以监守自盗论。"

　　传统社会法律保护民众的人身、不动产、动产及孳息不受侵犯，以刑罚的方式对侵权行为予以打击，体现了传统民法公力救济的平等性，无怪乎黑格尔在《历史哲学·中国》中认为在中国，实际上人人都是绝对平等的。当然，有学者站在契约的角度，认为中国古代还存在伦理序列上的平等和实体利益上的平等①，此不赘述。

　　总之，礼的分野造就了传统民法体系的二元性：仁孝与仁义精神的并立，决定了传统民法立法原则中差等原则与平等原则的并用。差等原则主要表现于婚姻家庭立法之中，即男女自出生时起至死亡时止，享有的民事权利各不相同，男子享有的民事权利高于女子；父母享有家庭财产权及子女婚姻的决定权，而子女处于服从地位。在家外，民事主体间呈现出法律地位的平等性，平等原则成为调整民事主体之间法律关系的基本原则。来源于儒家"仁义"精神的平等原则，体现于传统伦理中即为"己所不欲，勿施于人"的规则，要求尊重他人的人身与财产权利而不得侵犯。以此为基础，传统社会的民法强调并保护官民民事交易法律地位平等、官民豪强之间婚姻法律地位平等、国有土地分配权相对平等，并对相应的侵权行为进行打击。当然，站在国家层面而言，由于时代的局限性，传统社会的民事主体权利能力是不平等的；但就民事主体相互关系而言，其民事交往是平等的。从传统民法二元性的角度看，对于传统社会的本质特征，徐忠明先生的"复合结构"，即"就纵向来看，乃是身份社会；而从横向来看，则是契约社会"② 的结论具有一定的合理性。

---

① 刘云生：《中国古代契约法》，西南师范大学出版社，2000，第 77 ~ 78 页。
② 徐忠明先生认为的传统中国社会具有的"复合结构"的特征是指：就纵向来看，乃是身份社会；而从横向来看，则是契约社会。参见徐忠明《传统中国乡民的法律意识与诉讼心态——以谚语为范围的文化史考察》，《中国法学》2006 年第 6 期。

第四章　仁与义：传统民法制度
规则的二元性

第一节　"仁内"：以孝道与妇道为核心的
婚姻家庭制度

在古人看来，"治大国如烹小鲜"，治国须从治家开始，因为家是社会的基础细胞，亦是国家的根本，"天下之本在国，国之本在家，家之本在身"①。安排好家庭的伦理道德关系，才能家和则万事兴。在他们看来，"每个人都是他社会影响所推出去的圈子的中心"②，家庭成员在该圈子中分别扮演着不同的角色，相互关系的协调依照"父慈子孝、兄友弟恭、夫柔妻顺"的原则进行，其中以父慈子孝为核心的孝道和以夫柔妻顺为核心的妇道是处理家庭关系的基本原则。在古人看来，如果人人都遵循孝道，尊敬各自的长辈，爱护各自的亲人，则天下太平，社会和谐，"人人亲其亲，长其长，而天下平"③。传统民法的"仁孝"精神以家庭民事权利差等为原则、以孝道与妇道制度为核心而展开。

---

① 《孟子·离娄上》。
② 费孝通：《乡土中国　生育制度》，北京大学出版社，1998，第26页。
③ 《孟子·离娄上》。

一　孝道与孝道制度

孝起源于古代祭祀制度。在中国社会的早期，人们认为人死后，其灵魂会离开躯体而独立存在。子孙如果渴望得到祖先的保佑，就必须用精美的器皿盛美味的食物，在祭祀之日给祖先食用。而如果子孙不孝，没有按时祭祀，则祖先就会将祸害降临其不肖子孙。而且在古人看来，祖先只食用自己子孙（男）所供奉的食物。为了保证祖先能够按时获得血食，以及自己死后也能得到供奉的血食，人们必须生育男孩来继承香火，延续家族与家庭，故孟子曰"不孝有三，无孝为大"①。

我国古代社会属于早熟社会。为证明政权的合法性与合理性，夏朝的君王号称其祖先是生活于天上的并决定人们命运的"帝"，商朝的君王号称其祖先是天上的帝的客人，任何侵犯王权的行为都会受到其祖先与神灵的惩罚。为求得祖先对其王权及其子民的进一步保护，早期的国家君王规定了严格的程序及礼仪来保证祭祀的严肃性，甚至在泰山等名山举行祭祀活动，即"国祭"。在当时的君王看来，祭祀是国家最为重要的两项政治活动之一，"国之大事，在祀与戎，祀有执膰，戎有受脤，神之大节也"②。祭祀关系国家长治久安和政权的延续，如果违背了"礼仪"的要求，不但君王须受到"天讨""天罚"，王权将不保，而且子民也难以安宁。在当时的君王看来，统治大臣子民的关键是以礼来规范他们的行为，而礼的内容很多，最为重要的是以祭祀之礼来治理，"凡治人之道，莫急于礼；礼有五经，莫重于祭"③。总之，为了实现家国的平安、王权的稳固、生活的幸福，无论君王抑或百姓，其子孙必须

① 《孟子·离娄上》。
② 《左传·成公十三年》。
③ 《礼记·祭统》。

严格依照祭祀之礼按时进行祭祀活动，以保证祖先按时获得血食。而祭祀最为重要的是对祖先要由内而外的尊敬："夫祭者，非物自外至者也，自中出生于心也。心怵而奉之以礼，是故唯贤者能尽祭之义。"① 祭拜为尊敬，供奉称孝敬，祭祀就是子孙对祖先实行孝道的外在表现，是子孙对祖先尽孝。并且，作为大自然本原的"孝"既是大自然运行的轨迹，也是世间人们行为的基本准则，人们践行"孝"只是依照大自然的要求行为而已，"夫孝，天之经也；地之义也，民之行也，天地之经而民是则之"②。

孝被逐渐改造为国家统治的工具，并在政治国家中得以弘扬。西周统治者从"天命靡常，惟德是辅"出发，将注意力从重神事逐渐转移到尽人事，孝敬也就由纯粹对祖先的孝逐渐转变为对祖先与家长的孝顺。而西周政权是以宗法制为政治权力分配模式，"别子为祖，继别为宗，继祢者为小宗"③，即大宗一系是由承继别子（始封之祖）的嫡长子（大宗宗子）所组成，其他的嫡子及庶子分别组成小宗，所有小宗皆服从于大宗，"大宗能率小宗，小宗能率群弟"④。维持这套政治体制的就是孝，其中对大宗的服从成为孝的主要内容，孝由此成为国家治理的工具之一。至东汉、魏晋时期，孝与道结合⑤，成为西汉之后的历代君王维持其专制地位的理论工具。"昔者明王之以孝治天下也，不敢遗小国之臣，而况于公、侯、伯、子、男乎？故得万国之欢心，以事其先王。"⑥ 在时

---

① 《礼记·祭统》。
② 《孝经·三才章第七》。
③ 《礼记·大传》。
④ 《白虎通义·宗族》。
⑤ 据何勤华、陈灵海检索，《诗经》《大学》《中庸》《论语》《孟子》《道德经》中，其实都没有"孝"与"道"连用的情况，而《史记》中有两处连用。参见何勤华、陈灵海《法律、社会与思想——对传统法律文化背景的考察》，法律出版社，2009，第100页。
⑥ 《孝经·孝治章第八》。

人看来，社会治理无非涉及两个领域——家庭与天下，为达到天下大治的目的，中国的封建帝国采用家庭管理模式治理国家。帝王与臣子之间是主仆关系，作为仆人的臣子必须对作为主人的君主或帝王忠心耿耿，"忠臣不事二主"，绝对服从君主或帝王的安排，"君要臣死，臣不得不死"。而臣子在地方依旧适用此类规则。在他们看来，老百姓如他们的子女一般，自己是"子民"的"父母官"，关心地方子民的幸福，维系地方和谐安宁是他们的职责，"为官一任，造福一方"；而"草民"或"子民"须如子女孝敬父母般给地方官行跪拜礼。对于男子汉大丈夫而言，任何行为必须符合孝道的要求，百行孝为先，"百善孝为先"①，"天地之性，人为贵，人之行，莫大于孝"②。在孔子看来，天地之性，唯人为贵重，而就人的行为来讲，孝的德行最大。"夫孝，德之本也，教之所由生也"③，孝道是德行的根本、教化的出发点。孝悌与忠君具有高度的一致性，"其为人也孝弟，而好犯上者，鲜矣；不好犯上，而好作乱者，未之有也"④。明智的君王通过"德教于百姓"⑤，"以孝治天下"⑥，即以教化民众孝来培养民众的忠，才能从根本上实现社会治理。"在家尽孝、在外尽忠"，此亦为历代仁人志士所崇尚的立身之道。

儒家的孝道在传统民法中被逐渐制度化，被具体化为子女须顺从父母、家里的长辈以及先人的心意。在古人看来，孝道最根本的是一切遵从父母的意志，父母的生养死葬为第一要务。"事，孰为

---

① 《弟子规》。
② 《孝经·孝治章第八》。
③ 《孝经·开宗明义章第一》。
④ 《论语·学而》。
⑤ 《孝经·天子章第二》。
⑥ 《孝经·孝治章第八》。

大？事亲为大"①，一切有违父母根本利益的行为就是有违孝道的
行为。根据孟子的观点，"世俗所谓不孝者五：惰其四支，不顾父
母之养，一不孝也；博弈好饮酒，不顾父母之养，二不孝也；好货
财，私妻子，不顾父母之养，三不孝也；从耳目之欲，以为父母
戮，四不孝也；好勇斗狠，以危父母，五不孝也"②。懒惰、赌博、
放纵、好斗以及贪财、偏私妻儿等行为，由于其最终危及父母的名
声及对父母的供养而被列入不孝之列。此外，"不孝有三，无孝为
大"③。虽然后人对孟子是否将"无后"视为不孝之首存在争议，
但鉴于"无后"关涉祭祀与血脉传承，将其列入不孝之列没有争
议。汉代人赵岐在《孟子注疏》中对此进行注释时将孟子的不孝
观概括为："于礼有不孝者三事，谓阿意曲从，陷亲不义，一不孝
也；家贫亲老，不为禄仕，二不孝也；不娶无子，绝先祖祀，三不
孝也。"即盲从而陷父母于不义、家贫而不出仕、独身而绝后嗣为
孟子不孝观的核心。在儒家看来，不孝之人与禽兽没有区别。更有
甚者，北宋的张载在《孝经》的基础上，作《西铭》，融忠孝为一
体，从哲学本体论的高度，融合伦理学、政治学、心性论、本体论
而成一个完整的孝的体系。概括而言，孝道所涉具体内容包括以下
几个方面。

　　首先，奉养老人。奉养老人是血祭制度在世俗社会的延伸。为
了保证老人的奉养得到物质保障，儒家经典著作视财产家庭共有为
老有所养的物质前提，为此《礼记》屡次提到父母在子孙不有私
财，如《曲礼上》曰"父母存，……不有私财"；《坊记》亦云
"父母在，不敢有其身，不敢私其财"；《内则》认为"子妇无私
货，无私畜，无私器，不敢私假，不敢私与"。儒家思想贯彻于历

①　《孟子·离娄上》。
②　《孟子·离娄下》。
③　《孟子·离娄上》。

代刑事法典，表现为历代法典将家庭共财制视为法定的家庭财产制度；依照这些规定，家庭财产属于家庭全体成员，家庭财产的处分权专属于家长，其他家庭成员只有在家长的授权下才可以拥有少量的私财及家庭财产处分权①。为了防止子女擅自动用家庭财产，历代法典规定了相应的刑罚，如唐宋律规定"私辄用财者十匹笞十，十匹加一等，罪止杖一百"②，而明清律则规定卑幼私自使用家庭财产"二十贯笞二十，每二十贯加一等，罪止杖一百"③。如果子女擅自别居异财，则家长可依据刑事法典之规定追究不肖子孙的法律责任。即使出嫁女也不能对绝户父母遗产心怀觊觎，如果非法侵夺，则属于"孝道不全"而"不在给予之限"④。为了保证奉养财产的完整性及其家庭共有财产的处分权，法律规定子孙不得私自将家庭财产典卖。如唐律规定："凡是同居之内，必有尊长。尊长既在，子孙无所自专。若卑幼不由尊长，私辄用当家财物者，十匹笞十，十匹加一等，罪止杖一百。"⑤ "诸家长在，而子孙弟侄等不得辄以奴婢、六畜、田宅及余财物私自质举，及卖田宅。其有质举卖者，皆得本司文牒，然后听之。若不相本问，违而辄与及买者，物即还主，钱没不追。"⑥ 清律亦规定："凡同居卑幼不由尊长私擅用本家财物者，十两笞二十，每十两加一等，罪止杖一百。"⑦ 即使

---

① 针对古代中国家庭的财产制度，学界观点颇多：日本学者中田薰于1926年在《唐宋时代的家族共产制》（《国家学会杂志》1926年第40卷7、8号）一文中提出古代中国实行的是"家族共产制"，该观点后为仁井田陞所发扬；日本学者滋贺秀三在《中国家族法原理》（张建国、李力译，法律出版社，2003）一书中提出"家长所有权论"；俞江在《家产制视野下的遗嘱》（《法学》2010年第7期）一文中认为古代中国实行的是家产制，家庭财产属于家而是任何个人，该观点渐为学界所接受。
② 《唐律疏议·户婚》"卑幼私辄用财"；《宋刑统·户婚律》"卑幼私用财"。
③ 《大明律·户律·户役》"卑幼私擅用财"；《大清律例·户律·户役》"卑幼私擅用财"。
④ 薛梅卿：《宋刑统研究》，法律出版社，1997，第94页。
⑤ 《唐律疏议·户婚》。
⑥ 《唐令·杂令》"家长在"条。
⑦ 《大清律例·户律·户役》。

已经交易，家长也可主张交易行为无效而追回标的物。不仅子女无权处分家庭财产，而且妇女也不能独立处置家庭财产，即使改嫁也不能影响夫家家庭财产的完整性。如《元典章》中明确规定："不问生前离异，夫死寡居，但欲再适他人，其元随嫁妆奁财产等物，一听前夫之家为主。"① 清律中也有类似规定："其改嫁者，夫家财产及原有妆奁，并听前夫之家为主。"② 总之，子女与妇女的行为不得损害家庭财产的整体性，以保证家长供养及家庭生活的需要。

由于家族是家庭的扩大化，家庭财产从整体而言也属于家族财产的组成部分，家庭财产的损失实际上也是家族财产的减损。为了保证家族财产的总和不减少，基于当时社会家族成员比邻而居的情形较多的事实，亲邻的不动产优先购买权制度应运而生。诞生于北宋律令的这一规定在南宋得到认真执行。为了防止宗亲无力购买不动产，法律增加了宗亲的吝赎权，"诸典卖田宅，四邻所至，有本宗缌麻以上亲，以账取问"。③ "本宗有服纪亲"与相邻者是享有吝赎权的前提条件。南宋绍兴二十八年（1158 年）权发遣浙东提刑邵大受的上言亦可视为对此规定的佐证："称'某处可作宅基，某处可作坟地，候他（人）承买修治栽莳了毕，用亲邻取赎'，致不敢投状。今应承买官差之人，已给卖后与免执邻取赎及承买。"④ 可见，凡可以用作房基、坟冢地的土地，亲邻可以享有吝赎权。即使女儿出嫁，女方家长也须考虑联姻的经济利益，考虑男方的彩礼能否补偿女儿出嫁所造成的经济损失。为了避免因承担嫁妆而导致的家庭财产减少，女方家长总是试图争取彩礼的最大化，因为在男耕女织的社会形态下，妇女也是劳动力之一，当女子出嫁到男家

---

① 《元典章·户令》。
② 《大清律例·户律·户役》。
③ 《名公书判清明集》卷九《户婚门》，"有亲有邻在三年内方可执赎"。
④ 《宋会要辑稿·食货》。

后，女家即缺少了一个劳动力。① 如果男方提供的彩礼足以弥补家庭财产的损失，则女方家长一般会同意缔结婚姻，否则就可能拒受男方委托媒妁提供的订婚象征——纳征。

其次，顺从父母，服从父母的管束。在农耕为主的自然经济时代，生产知识主要来源于父辈的教导和实践的积累，父母作为知识的传授者和子女价值观的灌输者，其地位既来自于血缘与智者的权威，也有法律的保护。在古人看来，天下无不是的父母，父母对子女的管教惩戒权是绝对的，而且子女即使被惩戒也不能怨恨父母，"父母怒不说（悦），而挞之流血，不敢疾怨，起敬起孝"②。子女当应有顺无违，这不是是非问题而是伦常问题，顶撞父母即有违孝的伦理，视为不孝。如道光曾谕旨云："子于父母如有干犯重情，早经依律治罪，其偶违教令，经父母一时之怒送官监禁者，情节本属稍差。"③ 瞿同祖先生考察清代法律时，发现清代的法律给予"父母以呈送发遣的权利，只要子孙不服教诲且有触犯情节便可依例请求。忤逆不孝的子孙因父母的呈送，常由内地发配到云贵两广，且常赦不原"④，除非遇到特旨恩赦或减等发落，询明犯亲，情愿其子回家，才有释放机会。而释放回家的原因是父母无人侍奉，故子孙释放回家的前提条件是子女在家必须侍奉老人。如果子女大赦回家后，"再有触犯，复经祖父母、父母呈送，加重治罪，发往新疆官兵为奴"⑤。此外，瞿同祖先生分析清代遗留下来的案牍，发现父母呈送触犯之案多系情节较轻者，"大抵系因不服管束

① 于晓青：《传统文化中的彩礼及其流变》，《河南省政法管理干部学院学报》2008 年第 2 期。
② 《礼记·内则》。
③ 《刑案汇览》。
④ 瞿同祖：《中国法律与中国社会》，商务印书馆，2010，第 13 页。
⑤ 《大清律例》"常赦所不原"条例。

或出言顶撞一类情事"①，可见在今人看来的微不足道的家庭争议在古人看来属于大逆不道的"十恶"中的"不孝"行为。为了加强对此类行为的打击，法律规定对于家长呈控子孙忤逆不孝之罪的，司法机构不能拒不受理。如此父母便获得了具有法律强制力的子孙身体自由决定权。他们不但可以行使亲权，而且可以借法律的力量，永远剥夺其自由，将其放逐于边远之地。如此子孙既被排斥于家族团体之外，同时也被排斥于广大的社会之外，甚至于"该逆子所居房屋要被毁坏，房屋场地的土要被挖走，直到挖成深坑"②。

　　无论是二十四孝还是二百四十孝，其中宣扬贯彻的都是恭顺的原理，要求的都是子孙必须无条件服从父母的管束，而不允许顶撞父母、违背父母意志。"君要臣死，臣不得不死"的政治服从规则在家庭中演化为"父要子亡，子不得不亡"的家庭规则。即使父母典卖子女，其也必须服从，由此父母出卖子孙行为的执行力得到保证。如汉高祖曾诏令"民得卖子"③，"民待卖爵赘子以接衣食"④。当然，传统社会要求子孙对父对母同样孝顺，违犯教令及其他侵犯行为都是同样的处分，并无区别。但严格来说，传统社会只有父权而无母权，因为母权来源于父权，因其是父亲的妻子而获得，也可能因此身份消灭而消失，"不为伋也妻者，是不为白也母"⑤。凡系庶出之母，皆不令其服三年之丧，永为定例，故曰："孔氏之不丧出母，自子思始。"

二　妇道与妇道制度

　　妇道，就其本意而言，是指妇女应当遵守的行为准则，包括自

---

① 瞿同祖：《瞿同祖法学论著集》，中国政法大学出版社，2004，第24页。
② 〔日〕仁井田陞：《中国法制史》，牟发松译，上海古籍出版社，2011，第209页。
③ 《汉书》卷二四《食货志》。
④ 《汉书》卷六四《严助传》。
⑤ 《礼记·檀弓上》。

我言行的规则、对丈夫应遵守的行为准则，以及对公婆等家庭成员的行为准则等三部分。其核心内容是妇女对公婆、丈夫及其儿子的顺从，"以顺为正者，妾妇之道也"①。后人将其概括为"三从四德"，即"在家从父，出嫁从夫，夫死从子"及"妇德、妇言、妇容、妇功"②等内容。妇道规则产生的根源是社会生产力水平作用下的家庭生产模式。

中国的家庭制度形成于原始社会末期，当时以采集为主要生活来源的母系氏族随着农耕成为主要生存手段逐渐为父系氏族所取代。至夏朝，以氏族为单位的生产模式被家庭生产所取代，男子因其为家庭主要劳动力而获得了主导地位，妇女逐渐成为家庭生产劳动的辅助者。此家庭结构模式成为后世的主流，以男子为中心的中国婚姻家庭制度基本成形。传统的家庭以一个男子尊亲属为家长，实行一夫一妻多妾制，丈夫居于一家之主的地位，对外代表家庭，承担纳捐等国家义务，并对家庭成员的违法行为承担法律责任；对内统率家庭成员，享有惩戒管理家庭成员的权力及家庭财产的处分权。正妻作为丈夫的合法配偶，须经明媒正娶，辅助丈夫管理家庭，其不仅是小妾及奴仆的首领，而且须负责家庭生活起居。正妻和小妾属于家庭成员，也可以视为家庭财产。

如果说孝道处理的是家庭内涉及血缘传承的父子关系的伦理规范与民事权利义务分配的法律原则，而妇道解决的则是夫妻关系的伦理规范与民事权利义务分配的法律原则。在儒家看来，女子须遵从以下道德行为规范：

首先，妇女须顺从丈夫。在儒家看来，"天无二日，土无二王，家无二主"③，男性尊长即为大家的一家之主，而丈夫则是小

---

① 《孟子·滕文公下》。
② 《周礼·天官·九嫔》。
③ 《礼记·坊记》。

家的一家之主，不仅子孙须服从家长的管理，而且妻子也须顺从与忠贞于丈夫。在儒家思想中，丈夫是"天"，妻子为"地"，丈夫与妻子的关系就是天地之间的关系，"夫者，妻之天也"①。作为"天"的丈夫既是妻子的庇护者，担负着保护妻子的义务，也是妻子赖以生存的经济来源，"嫁汉嫁汉，穿衣吃饭"，丈夫担负着为妻子提供必要的物质保障的责任。妻子以顺从丈夫为首要，"妇人，伏于人也"。② 如果妻子殴打丈夫，其面临的处罚远重于丈夫殴打妻子所受到的处罚③。

其次，妻子没有居住的选择权。依照儒家礼教要求，女子出嫁实际上就是成家。女子离开母家，意味着其已成年，必须到男方家庭所在地安家，而没有自由选择居住地，其到男方安家即为回家。"嫁者，家也。妇人外成，以出适为家。"④ 女子出嫁，与母家脱离关系。"庙见"之后，正式成为男方家庭成员。

再次，妻子没有个人财产所有权。依儒家礼教要求，妻子不享有家庭财产所有权，其既不能私藏财物，也不能私自将家庭财产借与他人，更不能私自将家庭财产赠与他人，"子妇无私货，无私畜，无私器，不敢私假，不敢私与"⑤，否则将被视为"不侍姑舅"而被丈夫离弃。即使妻子因丈夫去世而改嫁，也不能带走家庭财产，"夫家财产及原有妆奁并听前夫之家为主"⑥。

———————

① 《仪礼·丧服》。

② 《大戴礼记·本命》。

③ 在明律上，妻子殴打丈夫，"杖一百"，至折伤以上，"各加凡人三等"；而丈夫殴打妻子，"非折伤，勿论"，"至折伤以上，减凡人二等"。在《唐律疏议·斗讼》中也有类似的规定。可见，在夫妻斗殴中，在相同的斗伤程度下，法律对妻子的处罚，远远重于对丈夫的处罚。更有甚者，丈夫过失殴杀妻子，唐、宋、明、清律一概列为"各勿论"。转引自赵崔莉《明代妇女的法律地位》，《安徽师范大学学报》（人文社会科学版）2004 年第 1 期。

④ 《白虎通义·嫁娶》。

⑤ 《礼记·内则》。

⑥ 田涛、郑秦点校《大清律例》卷八，法律出版社，1999，第 179 页。

最后，妻子没有离婚自由权。在传统民法中，男子专享离婚自由权，而妇女不享有离婚自由权。依班昭《女诫》所云："夫者，天也；天固不可违，夫固不可逃也。"作为"地"的妻子绝对不允许离开作为"天"的丈夫。即使丈夫行为不端，妻子也须不离不弃，"夫有恶行，妻不得去者，地无去天之义也"。① 即使夫妻感情不和，妻子也没有离婚自由权，而妻子面对丈夫的离婚决定，唯有以儒家道德所要求的"三不去"（有所娶无所归，前贫贱后富贵，与更三年丧）规则予以抗辩。

此外，妇女没有再婚的权利。依儒家礼教要求，男子可以再婚而女子不能改嫁，"夫有再娶之义，妇无二适之文"。② 对女子而言，保持贞操极为重要，女子不可以与男子肌肤接触，"男女授受不亲"。为了防止妇女与男子接触生情，孔子主张男女不能同路，"男女行者别于途"，孟子更是力倡女子不参与社会活动，"大门不出，二门不迈"。

总之，对妇女而言，其行为规范以"三从"为首要，即其只能从父从夫从子，而不能自行其是，"妇人有三从之义，无专用之道，故未嫁从父，出嫁从夫，夫死从子"。③ 在儒家看来，从夫是三纲五常的首要要求，因为"夫妇之义，人道之始，三纲之首"。④

三　传统民法"仁内"规则的启示

依照孝道规则，子女受父权压制，处于只承担孝道义务而无民事权利的地位；依照妇道规则，妇女受父权、夫权与族权的压制，妇女子女似乎只承担义务而无民事权利：传统社会似乎是一个专制

---

① 《白虎通义·嫁娶》。
② 《女诫》。
③ 《仪礼·丧服》。
④ 《魏书》卷五《高宗纪》。

社会。但超越传统民法，站在社会学角度分析，我们可以发现传统社会是一个权利义务总体平衡的社会。

家长是家庭权利的享有者，也是国家义务的承担者。依照孝道与妇道规则，父祖在家庭中居于主导地位，其享有家庭共有财产的处分权、子女婚姻的决定权、子女的教育与惩戒权和享受子女赡养的权利，但同时其须向国家承担诸多义务，如纳税义务、亲属犯罪的连坐义务以及对犯罪行为的举报义务。即家长集向国家的义务与对家庭的权利于一身，权利与义务总体平衡。

传统社会妇女处于无权无义务的法律地位。妇女在家从父，出嫁从夫，夫亡从子，对家庭没有支配权，没有完整的的人格权。妇女依附于男子，并处于家长权的监护之下①，同时个人的刑事责任一般也由其家长承担，除特殊情况下，妇女个人无须承担对国家的"公法"义务，如《大明律·断狱·妇人犯罪》与《大清律例·刑律·断狱下》均规定，妇女犯罪除犯奸罪及死罪收监，其余杂犯无论轻重都不收监，而责斥本夫收管②。如果纯粹站在夫妻双方民事权利与义务的角度分析，那么丈夫只享有民事权利而无民事义务，妻子只承担民事义务而无民事权利，即男女间民事权利不平等。但是，如果考虑国家义务因素，则男女的权利义务是平等的，即为民事权利的男女不平等而公私法实质意义上的男女平等。如果妇女履行了相夫教子、侍奉老人并守孝三年的家庭义务，则其就享有了"三不去"③的权利。虽然这种制度设立的本来目的是"夫妻安则家齐，家齐则国治，国治则天下平：礼义法理皆如是也"④，却间

---

① 张晋藩：《清代民法综论》，中国政法大学出版社，1998，第 34 页。
② 瞿同祖：《瞿同祖法学论著集》，中国政法大学出版社，2004，第 123 页。
③ 《大戴礼记·本命》云："妇有三不去，有所取无所归，不去；与更三年丧，不去；前贫贱后富贵，不去。"《唐律疏议》云："三不去者，谓：一，经持舅姑之丧；二，娶时贱后贵；三，有所受无所归。"
④ 刘俊文：《唐律疏议笺解》，中华书局，1996，第 1023 页。

接实现了妇女权利与义务的统一。为了维持这种社会和谐与家庭稳定的权利义务分配方式，魏晋南北朝时期开始将严重违反家礼的行为纳入"重罪十条"，隋朝将之归入"十恶"并规定为"恶逆""不道""不孝""不睦""不义""内乱"之罪，常赦不原。这种以家庭为单位分配权利与义务，并据此形成的男耕女织、男主外女主内的家庭治理模式，满足了自然经济时期家庭生产的需要，具有历史的合理性。

现代法律改变了以家庭为单位的权利义务分配模式，将所有社会成员直接置于法律调整之下，赋予所有家庭成员同等的权利与义务，此种做法看似实现了平等，但实际上是以平等的形式掩盖了不平等的事实。

首先，夫妻权利义务平等，但实际上是不平等。依照《中华人民共和国婚姻法》规定，夫妻享有平等婚姻自由权、家庭财产权、家事代理权、社会活动权和劳动权，并承担同等的忠诚对方、抚育子女、赡养老人、计划生育等义务。但事实上，生育子女的义务是丈夫无法替代而只能由妻子承担的，妻子的家庭义务比男子更多；而在就业市场，男士优先成为诸多单位用人的潜规则，除非工作性质特殊，妇女的劳动机会普遍比丈夫更少。

其次，父母子女权利义务平等，而实际上是不平等。依照相关规定，父母是子女的法定监护人，承担着抚育、教育、保护子女的义务，而子女对父母只需承担赡养的义务。从义务的数量而言，父母的义务明显高于子女的义务，无怪乎"孝子"已经成为父母孝敬儿子的简称。特别是子女出生时是一无所有，其生活完全依赖于父母；相比较而言，老人因社会福利政策的帮助，一般拥有一定的收入及积蓄，其生活无须完全依赖子女的资助，因此子女对老人的赡养似乎更多的是陪陪老人而已。从经济角度而言，子女承担的赡养义务远低于父母承担的抚养义务。

总之，现代民法以规则上权利义务的平等掩盖事实上的不平等，使得社会心理失衡，人们很"纠结"。传统民法却是用规则上的不平等来实现权利义务的真正平等，维持了传统社会长久的和谐。作为具有圆通特征的中国传统文化组成部分，传统民法以民事主体在特定领域权利义务分配的失衡来实现法律整体权利义务的平衡。

第二节　"义外"：以交易规则为核心的家外民事制度

在孟子看来，仁是人的内心驱动，而义则是人正常的行为方式，即"仁，人心也；义，人路也"①。"仁"强调人的内在动机，"义"侧重的是外在行为的合理、适宜、适当，如韩愈在《原道》中主张"行而宜之之谓义"。在儒家看来，只有动机纯洁、行为适当才能被认可，才是"正路"。忠恕之道为处理人们相互之间关系的基本准则，推己及人的诚信、自愿、合理等是行为合理的基本要求。诸如"欺世盗名""强人所难""损人利己"之类的行为显然违背了"义外"的伦理要求，为儒家伦理道德所不容。概览儒家典籍，我们可以发现"义外"包括自愿、诚信、合理、公平等要求，其来源于主体欲望的满足或利益的取得必须符合伦常的道德要求。传统民法将礼视为自己的立法精神，其制度构造依照"义外"的基本要求而形成，并据此展开。

一　自愿性：传统民事法律行为效力的前提

有学者认为，16 世纪法国法学家查理·杜摩林在回答加涅夫

---

① 《孟子·告子上》。

妇关于夫妻财产如何处理的咨询时，正式提出意思自治或"当事人意思自治"学说，并在后来的《巴黎习惯法评述》一书中对此做了详尽的阐述①；有学者也认为杜摩林的目的"正是为了克服当时法国国内法律的不统一状态给法国商业交往和经济发展带来的困难"。② 在此基础上，国内有些学者不仅否定中国传统民法的存在，而且否定传统社会的民事交易存在意思自治。他们认为，在中国历史法律文献中看不到"人"的存在，没有民事主体的规定，更不可能有意思自治，而是意思他治③。诚然，中国传统民法确实没有"意思自治"这一法律术语，但"意思自治其实就是自愿原则"④，其本质就是权利人义务设定自主，是义务自主或维护原状原则中义务自主内容的表现——除维护或恢复稀缺资源归属关系外，权利人的任何义务均须由其自己设定，任何人不得妨碍权利人行使权利。虽然中国历史上没有出现民事活动主体参与民事活动的"意思自治"一词，但传统社会自有中国式的"意思自治"的表达方式——"自愿"，并将其上升到法律的高度——"私约如律令"，由国家强制力保障实施。

实际上，儒家追求自愿的人际观与传统民法追求民事行为的自愿具有内在的一致性。

儒家的人际观来源于"人是社会的人"这一命题。与马克思主义所认为的"人的本质是一切社会关系的总和"不同，在儒家看来，人之所以为人，关键在于"人能群，彼不能群也"，"故人

---

① 钱江：《浅论意思自治原则及其限制性》，《法制与社会》2009 年第 14 期。

② 吕岩峰：《当事人意思自治原则内涵探析——再论当事人意思自治原则》，《吉林大学社会科学学报》1998 年第 1 期。

③ 明路：《中国民法：从"自愿原则"走向"意思自治"》，《广东经济》1995 年第 5 期。

④ 李锡鹤：《民法哲学论稿》，复旦大学出版社，2009，第 151 页。

生不能无群"。① 而"群"则是合群之意，也即人与人之间彼此联系、相互合作、和睦相处并组成一个共同的社会。如何协调"群"内关系以实现社会和谐呢？孔子提出了"仁"的概念并以此作为其思想的核心。在孔子看来，"仁"具有多重含义，但最根本的思想是"爱人"②"泛爱众"③。"爱人"是孔子处理人际关系的基本原则。后孟子提出"仁义"的判断标准，要求人们的行为须内在动机与外在表现均适当方被认可。根据这一原则，处理一般人之间的关系应该是"己欲立而立人，己欲达而达人"④，以及"己所不欲，勿施于人"⑤ 和"施诸己而不愿，亦勿施于人"⑥，也就是说要求人们做到"忠恕之道"。如果说"忠"是要求人们相互之间做到待人以诚、待人以信，"与人忠"⑦ 的话；"恕"则是从心理学角度出发，站在人都有的善善恶恶、好利恶害等心理角度，要求人们在人际交往中应推己及人，学会根据自己的心理来推想他人的心理，要求别人做到的，自己先做到，自己渴望达到的目标让别人先达到，而自己不愿意的事情也别强求别人做，即"自愿"是处理人际关系的基本准则。在孔子看来，只要人与人之间彼此善意相向，避免"强人所难"，杜绝损人利己之心，则祸患可以消除，和谐可以实现。在此基础上，孔子提出了所谓"絜矩之道"，就是运用忠恕的精神来处理一切人际关系，要求自己"所恶于前，毋以先后，所恶于后，毋以从前；所恶于右，毋以交于左，所恶于左，毋以交于右"，"此之谓絜矩之道"⑧。如果我们剔除其中的封建主义糟粕

---

① 《荀子·王制》。
② 《论语·颜渊》。
③ 《论语·学而》。
④ 《论语·雍也》。
⑤ 《论语·颜渊》。
⑥ 《礼记·中庸》。
⑦ 《论语·子路》。
⑧ 《大学》。

并加以适当的改造，便可以从儒家的"忠恕""絜矩之道"中引申出一种尊重别人的人格和价值，从而也使自己的人格和价值得到别人的尊重这样一种处理人际关系的精神①。同理，我们也可以从中引申出：尊重别人的利益也就是尊重自己的利益，若不希望别人强迫自己从事民事活动，首先自己不能强迫别人开展民事活动。由此，以自动参与、没有任何外在的强迫为内容的"自愿"便成为处理传统民事法律关系的基本要求，而"强扭的瓜不甜"便是这一基本要求的中国式的民间表达。尽管学界将梅因"所有进步社会的运动……是一个'从身分到契约'的运动"②的结论奉为圭臬，但在笔者看来，即使在传统社会，将契约制度看作传统民法债法制度的浓缩，抑或传统民法关于民事行为合法性的必要要件似乎更为合理，契约中的"自愿"要求与法律规则正折射出了传统民法的主体意志要求。

在传统的交易规则中，自愿性是契约效力的基础。众所周知，自愿是契约效力的基础，自由缔约是契约的本质要求，"契约本性是自由的，而平等是契约自由的前提和必然要求，故契约与平等也是共生的。中国古代契约自然也不会灭失这一本性，否则契约就不成其为契约。"③大约自十六国开始，契约一改以往的"券""约""要""契"等称呼，而被称作"和同"，也就是后来的"合同"。此时的契约，按照要求，一般是在书契两札的合并处骑写一个"同"字，后来改为在骑处写"和同"二字，抑或写一些吉祥语以代刻画。此处的"和"意为"可以相济、相辅相成"，"同"意为"单一不二、无所差异"。合同、契约、"和同"是取"天下所通

---

① 徐克谦：《先秦儒家人际关系学说浅论》，《孔子研究》1988 年第 1 期。
② 〔英〕梅因：《古代法》，沈景一译，商务印书馆，1959，第 97 页。
③ 霍存福、刘晓林：《契约本性与古代中国的契约自由、平等——中国古代契约语言与社会史的考察》，《甘肃社会科学》2010 年第 2 期。

行、常人所共晓"和"两厢情愿、合意而成"之意①。可见，民事意义上所使用的"和同"应是指双方意思表示一致，而意思表示一致是意思自由的结果。此后，"甘愿""情愿""和同""自认""自甘"或"亲请凭中上门""愿"等表达自愿内容的词语成为大多数合同的基本用词，订立契约时，强调当事人的"合意"与"不得抑勒"，对于"取与不合"和"固取者"，都要"重置典宪"②。目前，从考古发掘的反映唐朝时期契约格式的敦煌资料中，我们可以发现当时契约已包含此类内容，如《唐乾封元年（666年）高昌郑海石举银钱契》③所书：

> 乾封元年四月廿六日，崇化乡郑海石于左憧憙边举银钱拾文，月别生利钱一文半。到左须钱之日，嗦（索）即须还。若郑延引不还左钱，任左牵掣郑家资杂物、口分田园，用充钱子本直取。所掣之物，一不生庸；公私债停征，此物不在停限。若郑身东西不在，一仰妻儿及收后保人替偿。官有政法，人从私契。两和立契，画指为信。
>
> | 钱主 | 左： | （三道画指墨线） |
> | 举钱 | 郑海石 | （三道画指墨线） |
> | 保人 | 宁大乡　张海欢 | （三道画指墨线） |
> | 保人 | 崇化乡　张欢相 | （三道画指墨线） |
> | 知见人 | 张欢德 | （三道画指墨线） |

而唐朝中后期的敦煌资料亦证明自愿为契约成立的基本要求。如《敦煌资料唐乾宁四年（897年）敦煌张义全卖宅舍契》中载：

---

① 孔庆明等编著《中国民法史》，吉林人民出版社，1996，第231页。
② 张晋藩：《中华法制文明的演进》，法律出版社，2010，第502页。
③ 《吐鲁番出土文书》第六册《阿斯塔那四号墓文书》。

"一定已后，两不休悔；如有先悔者，罚麦三十驮，充入不悔人。恐人无信，两共对面平章，故勒此契，各愿自押署，用后凭验。"①

此外，孙兆霞等编辑的《吉昌契约文书汇编》②，汇集了乾隆至光绪年间涉及科田、秋田、水田、旱地、菜地与草场、房屋（含地基）的买卖与典当契约及其他的租赁等相关的契约186份，其中几乎全部包含上述表达自愿的内容；而张介人主编的《清代浙东契约文书辑选》③，则收集了始于康熙二十二年（1683年）、终于光绪年间的306份契约，其中相当部分的契约亦有"情愿""两厢情愿"等字样。这说明了缔约的自愿性是传统社会契约成立的基本要件，其中表达合同的订立并无外在的强力压迫，乃属于民事主体自我决定的行为是契约的基本内容，也是儒家"己所不欲，勿施于人"的道德要求在契约上的反映，表明了法律对民事主体自主处分的尊重。

从契约的内容我们可以发现，虽然自愿的意思表达构成唐之后所有契约的必备内容，但自宋朝中人介入买卖之后，中人保证契约自愿性的责任便已产生，之后法律关于契约自由的要求通过中人制度在债法中得以强化。尽管诸多契约需纳税并由官府确认，"官办公差"已经具有公证人的职能，但由于中人等为交易双方所熟知或信赖之人，他们与双方在日常生活中接触比较多，对于双方情况也比较了解，故由他们负责监督缔约自愿的做法似乎更为民间所广泛接受。于是，兼有担保人与证人等多重角色的中人始终活跃于民间不动产的买卖活动之中。

为了保证民事交易自愿进行，传统民法规定了签字或画押制度。自愿作为内在的意愿，必须通过外在的方式加以表达。在重大

---

① 中国科学院历史研究所资料室编《敦煌资料》第一辑，中华书局，1961，第317页。
② 孙兆霞等编《吉昌契约文书汇编》，社会科学文献出版社，2010。
③ 张介人编《清代浙东契约文书辑选》，浙江大学出版社，2011。

财产交易过程中，人们更倾向于使用书面方式将双方的意愿加以固定——契约成为传统社会交易制度的重要组成部分，也最能够体现当时的社会要求。如果说西周初期的《大盂鼎》反映了当时宗法制度下土地属于王有而不能成为交易标的的制度的话，周恭王三年（公元前916年）的《卫盉》以及《九年卫鼎》则反映了西周中期土地王有制度松动后，土地交易过程中的双方自由协商，经要约与承诺两个阶段达成协议的情形。这揭示出自古自由协商就是契约成立的基本要件，而达成协议后再履行告官程序"只是取得官方承认的法律程序"①。

在传统民事活动中，民事主体之间围绕交易内容自由磋商，以特定形式固定协议内容。"上古结绳而治，后世圣人易之以书契"②，这表明当时结绳被用于记载权利关系，后书契更成为权利关系的法律化。为了证明协议的自愿性，早期一般是双方同时到官府办理登记手续，后世则演变成以签字、画押作为证明契约真实性的手段。如果发生民事纠纷，在没有相反证据证明的情况下，传统社会一般将契约推定为当事人"自愿并同意"的意思表现，并以此作为"百官以治，万民以察"③"以两剂禁民狱"④ 的依据。依照当时的规定，作为契约之一的"傅别"为"大手书于一札，中字别之"，即用木或竹做的牒文，在札中大手书写，然后一分为二，分别给双方。至于契约的另一种形式"书契"，按照郑玄的注释可知，"其券之象，书两札，刻其侧"。始于《周礼》记载的竹木书写中间剖刻的契约形式，经先秦的判书"全迟汉代已成风习"⑤，汉朝的手书经过发展，至唐朝时已演变为"画指券"。从现今发现的契约原件来看，当时用

---

① 孔庆明等编著《中国民法史》，吉林人民出版社，1996，第18页。
② 《周易·系辞下》。
③ 《周易·系辞下》。
④ 《周礼·秋官·大司寇》。
⑤ 刘云生：《中国古代契约法》，西南师范大学出版社，2000，第111页。

手指画痕记，或画多层次的圈圈，或按指节长度画杠杠，已经成为主要方式，而画手指多以中指、食指为主，民间习俗为男画左指，女画右指。个别契约出现拇指印和署名押，这是按手指印和签字的起始。隋唐亦流行"花押"，大多为士大夫阶层所使用，即用草书连笔写成一个花体字，后逐步扩大流行，其形式简化为在名字后面画上十字或七字。明朝时期，"十字"画押成为民间画押的普遍形式。至清朝时期，尽管存在大量的由一方提供给另一方的单契，但双方或一方在契书或合同上签名的做法已较为普遍，"签名既是一种形式上的证据，又带有实质性的意义"①。

为了保证交易的自愿进行，传统民法借助于刑事手段对违背自愿要求的"把持"与"强固"等行为进行打击，以维护社会交易的顺利进行。

欺行霸市者控制市场，操纵物价，损害交易双方利益，其违背"义利"要求的行为，为历代所鄙视，"必求龙断而登之，以左右望，而罔市利，人皆以为贱"②。传统民法特别注重对市场交易中违背自愿原则、欺行霸市的垄断行为的打击。为防止此类行为扰乱正常交易秩序，早期的秦朝就已经明令禁止欺行霸市，如在云梦出土的秦简中就有关于"强质"的规定："百姓有责（债），勿敢擅强质，擅强质及和受质者，皆赀二甲。"③ 这表明当时即已对违反债务人主观意愿而强行扣押担保物的行为进行处罚。在宋朝，对于强行收买者，官府的态度也是果决的，如当时的开封府就"欲乞特降指挥止绝，如有违犯，并乞重行断遣，所卖柴草任从人户自便货卖，及令厢巡人等常切觉察收捉，送官勘断"④。

---

① 俞江：《"契约"与"合同"辨——以清代契约文书为出发点》，《中国社会科学》2003 年第 6 期。
② 《孟于·公孙丑下》。
③ 张晋藩：《中国法制史》，群众出版社，1991，第 212 页。
④ 《宋会要辑稿·食货》"天圣八年三月"。

《唐律疏议》与《宋刑统》皆规定买卖双方要约与承诺没有达成一致的情况下，一方违背自愿原则强制交易的，或者垄断市场交易的，给予杖八十的处罚，如果获利丰厚，则依照所获利益的数量，援用盗窃罪罚则处罚。《大明律》亦对此类行为给予杖八十的处罚。①《大清律例》甚至对于参与欺行霸市的人也给予"笞四十"的处罚。当然，由于违背自愿原则要求交易的程度不一样，对于社会造成的危害程度不一样，因此各地的官僚会因时因事而实行不同力度的打击政策。一般而言，统治者对京城等重要区域欺行霸市行为的打击会更为严厉。如史料记载，清朝曾规定："京城一切无帖铺户，如有私分地界，不会旁人附近开张，及将地界议价若干，方许承顶，至发卖酒斤等项货物，东户设立名牌，独自霸揽，不令他人揽运，违禁把持者，枷号两个月，杖一百。"②尽管在不同朝代、不同区域处罚会存在程度上的差别，但是否定非自愿交易行为的法律效力、惩罚实施强迫者，是传统民法一以贯之的基本要求。

在传统社会，官府处于强势地位，而草民处于弱势地位，因此官府经常利用手中的权力违背买卖自愿原则，强买强卖，欺行霸市，影响公平自愿交易的进行。传统社会的最高当局对此早有防范。朱元璋在洪武二年（1369 年）规定，无论军队或其他政府部门，必须依照市场价格，公平购买办公所需之物；即使商人到官府推销货物，也应当依照当时市场价格及时支付价款；如果违背自愿

---

① 《宋会要辑稿·职官》规定："诸买卖不和，而较固取者，及吏出开闭、共限一价，若参市而规自入者，杖八十。已得赃重者，计利，准盗论。"明律规定："凡买卖诸物，两不和同，而把持行市，专取其利，及贩鬻之徒，通同牙行，共为奸计，卖物以贱为贵，买物以贵为贱者，杖八十。"《大清律例·户律·市廛》"把持行市"条规定："凡买卖诸物，两不和同，而把持行市，专取其利，及贩鬻之徒，通同牙行共为奸计，卖（己之）物以贱为贵，买（人之）物以贵为贱者，杖八十。若见人有所买卖在旁，（混以己物，）高下比价，以相惑乱而取利者，（虽情非把持，）笞四十。若已得利，物计赃，重（于杖八十、笞四十）者，准窃盗论，免刺。（赃轻者，仍以本罪科之。）"

② （清）薛允升：《大清律汇集便览·市廛》。

原则，利用权力强行低价购买或不及时支付价款的，由监察御史、按察司负责调查，或者向上级部门投诉。其在洪武二十六年（1393年）又规定，所有市场上出售的货物，都应当依照官府规定的价格交易，并由各地的政府部门实事求是地按月向上级部门报告；如果涉及军需采购，必须严格依照市场价格交易①。即无论官府购买的是军队急需之物还是普通办公用品，都要根据当时的市场价格，自愿买卖，不能强买强卖，也不允许拖欠货款，亏损商民。如果官员私自将个人所有的财物卖与下属或百姓，或者低价购买货物，因情节轻微，不予刑事处罚；如果官员违背了自愿交易的规则，强令下属或百姓购买其货物，则依照所获利益，按照枉法罪论处。此二种情形下，货物均没收，价款归还原主。② 此规则存续于有明一代，《续文献通考》记载的明世宗嘉靖二年（1523年）市易诸法同样贯彻了交易自愿的原则③。此外，唐、宋、清等朝有关市场交易的规则中也有类似规定④。

"私约如律令"的观念在中国传统社会深入人心，自愿原则被视为传统民法的首要交易规则。签字、画押作为自愿的形式要件，被明令必须出现在重大财产的契约之上。同时，契约还必须标明交易的自愿性。为了防止形式自愿而实质不自愿现象的出现，尤其是

---

① 《大明会典》卷三七规定："凡民间市肆买卖，一应货物价值须从州县亲民衙门，按月从实申报合干上司，遇有买办军需等项，以凭照价收买。"

② 《大明律·刑律·受赃》。

③ 据《续文献通考》记载，明世宗嘉靖二年（1523年）颁布的市易诸法规定："凡城市乡村诸色牙行及船埠头，并选有抵业人户充应，官给印信文薄，附写客商、船户住贯、姓名、路引字号、物货数目，每月赴官查照，私充者，杖六十，所得牙钱入官。官牙埠头容隐者，笞五十。诸物行人评估物价，或贵或贱，令价不平者，计所增减之价论罪。买卖诸物，两不同而把持market，专取其利，及鬻贩之徒，通同牙行共为奸诈者，杖八十。若见人有买卖，在旁高下比价，以相惑乱而取利者，笞四十。"

④ 刘云生认为："在市场行为规范上，就目前史料观之，以唐代规范为严密且有律文明示禁止'乞索''较固'和乘人之危、欺诈妄冒诸项不法情事。"（刘云生：《中国古代契约法》，西南师范大学出版社，2000，第196页。）

防止官府利用权力破坏交易自愿规则的行为，传统民法规定必须依照市场价格进行交易，并对破坏自愿原则的垄断行为"把持"和强制交易行为"强固"进行打击，以保证自愿原则的贯彻落实。

二　诚信：传统民事法律行为的本质要求

诚信观在中国传统社会历史悠久，有当代民法学者认为，"诚实信用原则之观念，起源于罗马法，此一观念体现在一般恶意抗辩诉权中"①。在他们看来，"在罗马法的诚信契约中，债务人不仅要依照契约条款，更重要的是要依照其内心的诚实观念完成契约所规定的给付"②。现代民法学者之所以认为诚信来自罗马法，其依据是罗马法中明确规定："法律的戒条是这些：诚实生活、毋害他人、分给各人属于他的。"③ 事实上，诚信观念作为人类共同的价值准则，在中国古代社会早已有之④，且"中国人对'诚''信'的崇尚绝不弱于西人；'诚''信'在儒家伦理体系中的地位也并不低于其在基督教伦理体系中的地位"⑤。

与罗马法将诚信作为处理人与人之间利益关系的准则，并纯粹依靠法律外在的强制约束不同，中国古代的诚信最初起源于人与上帝祖先的祭祀活动中，是处理人与神之间的关系准则，最初表现为早期人们在祭祀过程中对祖先、对神灵所体现出来的由内而外的"敬"之感与"信"之情。依据《礼记·祭统》的观点，"夫祭者，非物自外至者也，自中出生于心也，心怵而奉之以礼，是故唯

---

① 韩世远：《合同法总论》，法律出版社，2008，第33页。
② 王利明：《民法总则研究》，中国人民大学出版社，2003，第121页。
③ 徐国栋：《优士丁尼〈法学阶梯〉评注》，北京大学出版社，2005，第32页。
④ 柴荣、柴英认为：儒家思想中丰富的"诚信"因子与中国古代社会生活的"诚信"处世之道的价值追求与古罗马法为起源的现代民法的诚实信用原则有着惊人的暗合之处〔柴荣、柴英：《论儒家思想与民法"诚实信用原则"之暗合》，《上海师范大学学报》（哲学社会科学版）2008年第2期〕。
⑤ 苏亦工：《诚信原则与中华伦理背景》，《法律科学》1998年第3期。

贤者能尽祭之义"，而"外则尽物，内则尽志，此祭之心也"。"祭之义"与"祭之心"是对祖先的诚心与信奉，即为诚信，而礼只是古人对祖先与神信奉的表达方式。

　　人是社会的人，儒家礼教认为诚信是人际交往的基本要求。如曾子认为："夫子之道，忠恕而已矣。"① 朱熹对此注释为："尽己之谓忠，推己之谓恕。而已矣者，竭尽而无余之辞也。"即孔子认为人际交往须遵循以诚相待的道德准则，其中的"忠"并非对君主的忠，而是要求人与人之间"主忠信"②，以诚信来处理各类社会关系。在孔子看来，即使是国君也要恪守诚信，"道千乘之国，敬事而信"③，年轻人在外要"谨而信"，"与朋友交，言而有信"④。只有待人以诚、待人以信方能赢得社会的信任。此外，在孔子看来，诚信是礼的本质要求，义理只是礼的表达方式，"忠信，礼之本也；义理，礼之文也"⑤。又如子思将诚信看成上天的要求与做人的基本准则，"诚者天之道也，诚之者人之道也"⑥。而孟子则认为诚信是上天的基本要求，追求诚信是做人的基本道德要求，"诚者，天之道也；思诚者，人之道也"⑦。并且，他认为人的诚善之性来源于上天的要求，是天道，人们渴求并践行诚信是为了侍奉上天，即诚信是人与天沟通的必由之路，是天人合一的基本路径。在儒家看来，道德的修养应从诚信入手，"养心莫善于诚"⑧，如周敦颐提出："诚者，圣人之本"⑨；后世大儒朱熹将诚信视为圣

---

① 《论语·里仁》。
② 《论语·学而》及《论语·子罕》。
③ 《论语·学而》。
④ 《论语·学而》。
⑤ 《礼记·礼器》。
⑥ 《中庸》。
⑦ 《孟子·离娄上》。
⑧ 《荀子·不苟》。
⑨ （宋）周敦颐：《通书》。

人之本性，提出"欲修其身者，先正其心；欲正其心者，先诚其意"；① 王阳明认为诚信是人立于天地之间的根本，"惟天下之至诚，然后能立天下之大本"②。既然诚信是处理人际关系的根本准则，也是人性所在，那么何谓诚信呢？诚信就是待人诚心诚意，而不欺瞒他人。信需要以言语来取信于人，"志以发言，言以出信，信以立志"③，即应当言行一致。可以说，"观察整个儒家的价值系统，'信'可算是惟一处理一般社会关系的道德准则"④。

市场经济条件下，传统的诚信发生了演变。注意义务从"买者当心"演变成"卖者义务"⑤，诚信义务由双方承担演化为更多地由卖方承担，卖方须对自己的出卖行为承担确保标的物质量、价格、交付时间与方式等诸多的诚信义务。在古人眼中道德与法律合一的诚信被划分为法律诚信与道德诚信。在学者看来，道德诚信只是要求人们做到言语传达的信息真实，保证相对人能够根据真实的信息做出符合自己利益的选择，恪守诺言，履行义务，以实现相对人的利益。道德诚信并不是人们所追求的最终目标⑥。法律诚信则是指作为法律原则的诚信⑦，有"语义说"和"一般条款说"两种观点⑧。其中"语义说"认为，诚信原则是要求民事主体在民事活动中"意思表示必须真实并承担因表意不真实给相对人造成的损害"⑨。即在他们看来，民事活动的参加者讲究信用，恪守诺言，诚实不欺，在不损害他人利益和社会利益的前提下追求自己的利益⑩，要求社会经济活

① （宋）朱熹：《四书章句集注》。
② （明）王阳明：《传习录》。
③ 《左传·襄公二十七年》。
④ 俞江：《是"身份到契约"还是"身份契约"》，《读书》2002年第5期。
⑤ 韩世远：《出卖人的物的瑕疵担保责任与我国合同法》，《中国法学》2007年第3期。
⑥ 赵万一主编《公序良俗问题的民法解读》，法律出版社，2007，第152页。
⑦ 王向前：《论道德诚信与法律诚信》，《光明日报》2002年10月16日。
⑧ 张新宝编著《民事活动的基本原则》，法律出版社，1986，第26页。
⑨ 李锡鹤：《民法哲学论稿》，复旦大学出版社，2009，第151页。
⑩ 梁慧星：《民法总论》，法律出版社，2007，第258页。

动参与者须以善意作为出发点，并应以公平为一切行为所追求的目的①，进而满足"维持双方的利益平衡以及当事人利益与社会利益平衡的立法者意志"②。而"一般条款说"认为，诚信原则是外延不十分确定但具有强制性效力的一般条款。在他们看来，民法诚信原则只不过是将要求人们恪守诺言、无虚假、不欺诈的道德诚信，上升为要求民事主体在民事活动中维持双方的利益平衡以及当事人利益与社会利益平衡，体现立法者意志的法律诚信③，并将传统社会涵盖所有人际交往（包括民间利益交换过程）的诚信义务的适用范围缩小了，变成只适用于意定性民事关系，不适用于法定性民事关系。

台湾学者更为倾向于从司法程序的角度看待诚信，如史尚宽认为诚信原则是掌握在法官手中的衡平法，一切法律关系都应根据它们的具体情况，按照正义衡平的原则进行调整，从而达到它们具体的社会公正④。诚信观的分野模式适应了法律与道德分离的现代立法要求，但陌生人社会使得道德诚信对人们的约束力远远没有传统社会强大。丧失道德诚信的强大舆论支持，而纯粹依靠法律强制力保障的法律诚信，是难以完成构建诚信社会的重任的。

传统社会崇尚仁义礼智信，其法律，包括传统民法，"一准乎礼"，讲究道德诚信与法律诚信合一。"言必行，行必果""人无信不立"等诸多中国式表达就是传统民法诚信原则的要求。传统民法诚信原则借助道德诚信获得弘扬，道德诚信依据传统民法的强制力予以保证，二者形成了中国传统社会浓厚的诚信氛围。

尽管传统社会的道德诚信与法律诚信是合一的，但二者的区别

---

① 赵万一主编《公序良俗问题的民法解读》，法律出版社，2007，第167~168页。
② 徐国栋：《民法基本原则解释——成文法局限性之克服》，中国政法大学出版社，2001，第79页。
③ 王向前：《论道德诚信与法律诚信》，《光明日报》2002年10月16日。
④ 史尚宽：《债法总论》，荣泰印书馆，1978，第319页。

是明显的。

首先，二者的要求不同。中国传统社会的道德诚信要求内在的诚与外在的信是一致的，信必须发自于诚、服从于善、坚守于道、合乎于义，才具有道德价值，才是真正的、正确的信。"诚者，真实无妄之谓""实有是心，实有是事""此心真切""实言、实行、实心"，即待人接物必须真心，而且外在表现要真言、真行，不存在诈伪，做到心口、表里、名实如一，"高度坦荡、心地洁净"①。而法律诚信更多地强调外在诚信。其要求民事主体在交易过程中诚信对人，"童叟无欺"；在价格上不短斤少两，做到货真价实；在法律责任上，做到"好汉做事好汉当"而不推诿。

其次，道德诚信视诚信为立身根本，法律诚信视诚信为牟利之道。孔子认为："言忠信，行笃敬，虽蛮貊之邦行矣；言不忠信，行不笃敬，虽州里行乎哉?"② 人能守信，其言行才让人觉得可靠，才能获取他人的信任，与他人建立并保持经常的交往，否则其在社会上寸步难行。除非特殊情况，诚信之人一般情况下是不可能发财的，"诚不以富，亦祇以异"③。法律诚信则认为诚信是谋利的路径。在法律诚信中，以信取人的落脚点在于"取人"，诚信只是手段；童叟无欺、诚实守信是为了维护商誉，以便获得更多的赢利机会。

再次，道德诚信乃人的自我修养，法律诚信是外在物化的诚信。道德诚信是自己成为君子的基本要求，是个人的道德追求，如"学者不可以不诚，不诚无以为善，不诚无以为君子"④；"君子养心莫善于诚"⑤；"意诚而后心正，心正而后身修"⑥。法律诚信则被

---

① 苏盾：《中国传统诚信观与当代市场经济》，中国社会科学出版社，2006，第 12 页。

② 《论语·卫灵公》。

③ 《诗经·小雅·我行其野》。

④ 《礼记·中庸》。

⑤ 《荀子·不苟》。

⑥ 《礼记·大学》。

外化为行为，民事主体公平交易，守法经营，认真履行自己的义务
而不操纵市场、巧取豪夺、囤积居奇，即为诚信。在这一前提下，
"对朝廷守法、对主顾公平，就是讲良心，就不是奸商"①；"人宁
贸诈，吾宁贸信，终不以五尺童子而饰价为欺"② 即为践行了诚
信；"诚实主要体现在货真价实上"③。法律诚信可以通过物化的商
品质量与价格进行评判，标准具体；而道德诚信的评判标准是社会
舆论和个人的道德感，无具体的标准。

最后，二者针对的对象不同。道德诚信的权利主体为不特定的
多数人，主体必须诚信面对所有的人。而法律诚信的权利主体为特
定人，义务主体只需对交易对象做到言行一致，而对交易对象之外
的人，法律并不强制民事主体诚信——无怪乎孟德斯鸠会说"在
中国，欺骗是准许的"④。由于传统社会实行道德诚信与法律诚信
合一的立法模式，"儒家的诚信思想实际上已成为中国古代民法文
化之魂"⑤。因此，传统社会的民事主体视自己诚信名誉为商誉，
强调"做事先做人"，以个人道德的诚信树立自己商业上的诚信的
声誉。

尽管传统社会奉行道德诚信与法律诚信合一，但传统民法
依旧注重诚信制度的建构，以法律诚信制度保证道德诚信的
落实。

首先，中国传统民法规定了契约公示制度，以保证缔约的诚
信。在西方，契约被视为社会自发改变自然状态，用来处理政治国

---

① 明哲主编《胡雪岩商道启示录——一代商神掌控商道的 12 个要诀》，群言出版社，
2005，第 367 页。
② 郑小光：《徽商的经营文化》，《企业改革与管理》2010 年第 2 期。
③ 郭丽双、曲直：《商人道德决定中国未来》，山西人民出版社，2009，第 124 页。
④ 〔法〕孟德斯鸠：《论法的精神》，许明龙译，商务印书馆，2009，第 210 页。
⑤ 俞荣根：《诚信：一个历久常新的民法原则——〈论语〉与我国民法文化刍议》，
《现代法学》1993 年第 2 期。

家与市民之间权力制衡与权利让渡的工具，是资本主义得以展开的纽带。著名启蒙思想家洛克认为，国家代表一种政治安排，它是社会契约的产物。人们根据社会契约，让渡一部分自然权利给国家，"这便是立法和行政权力的原始权力和这两者自所有产生的缘由"①。社会契约论成为解释西方社会政治架构的理论基础。而在东方的传统中国，契约并没有政治功能，皇权的合法性来自于"有德"及上天的安排，"皇天无亲，惟德是辅"。相反的，契约作为官府控制经济生活、保证财政收入的手段，作为官府监督民事主体的民事活动，维护社会经济交往"以诚为信"的工具，成为了推行诚信思想的有力途径。

　　尽管"古代的中国也是一个契约社会"②的说法值得商榷，但作为"当事人互以直接独立的人格对待"③的产物，契约在中国的历史非常久远。契约，在中国古代一般简称"契"或"约"，又称"券"。"契"字的本义为刻画，所谓："契，刻也。从刀。"④"约"字的本义为缠绕，如《说文解字》云："约，缠束也，从丝"；《诗经·小雅·斯干》曰："约之阁阁"；后来引申为"约束"的意思。因此，契约这两个字"本身反映了远古时代刻木为信、结绳记事的遗风"⑤。西周时期已有书面契约的记载，当时的书面契约主要有"傅别"和"质剂"两种形式⑥，并以此作为履行承诺、恪守信用并防止争讼的依据，"以质剂结信而止讼"⑦。东汉发明纸

---

① 〔英〕洛克：《政府论》（下篇），叶启芳、瞿菊农译，商务印书馆，1982，第78页。
② 霍存福：《中国古代契约精神的内涵及其现代价值——敬畏契约、尊重契约与对契约的制度性安排之理解》，《吉林大学社会科学学报》2008年第5期。
③ 〔德〕黑格尔：《法哲学原理》，范扬、张企泰译，商务印书馆，1961，第82页。
④ 《说文解字》。
⑤ 叶孝信主编《中国民法史》，上海人民出版社，1993，第62页。
⑥ 《周礼·天官·小宰》云："听称责以傅别"；《周礼·地官·质人》云："凡卖儥者质剂焉，大市以质，小市以剂"。
⑦ 《周礼·地官·司市》。

张以后，人们逐渐使用纸张来记载契约内容，竹木简的契券被淘汰。但是，过去在竹木简上刻画记号的习惯却得到了保留。《左传·文公六年》载："董逋逃，由质要。"杜预注："由，用也；质要，券契也。"孔颖达疏："'由质要'者，谓断争财之狱，用券契正定之也。"由此可见，契约自诞生之日起就具有证明财物归属、民事活动内容的效力，对缔约双方具有约束力。而《周礼·秋官·士师》中的"凡以财狱讼者，正之以傅别、约剂"，亦证明合同的功用——凡因财货发生诉讼的，契约合同与券书可以作为证据。为了保证该合同的真实性，依照当时的规定，涉及征税、迁移、买卖、赊欠、和解等事项的约书都必须交付"司约"即掌管约书的官员保管，如有争讼则开府库调取双方签订的契约，如果不服而提起诉讼，违约者将被处以墨刑。正如古人所言："司约，掌邦国及万民之约剂……凡大约剂，书于宗彝；小约剂，书于丹图。若有讼者，则珥而辟藏，其不信者服墨刑。"① 为了防止欺诈行为，保证交易双方恪守诚信道德，秦朝法律即要求市场中的动产明码标价，"有买及买（卖）也，各婴其贾（价），一物不能名一钱者，勿婴"②。传统社会尤其重视重大标的物的诚信交易，规定交易双方必须以书面形式签订协议。书面形式是传统社会包括田宅在内的不动产或重大财产之买卖契约生效的必要要件，"田产典卖，须凭印券交业"③，"在法，典田宅者，皆为合同契，钱、业主各取其一，此天下所通行，常人所共晓"④。同时，传统社会还规定缔约双方须就民事活动内容做出真实的意思表示，在协议中须尽可能地详细标明交易双方姓名、交易数量、交易价格、

---

① 《周礼·秋官·司约》。

② 云梦秦简《秦律·金布律》。

③ （宋）陈襄：《州县提纲》卷二《交易不凭钞》。

④ 《名公书判清明集》卷五《户婚门·争业下》，《曲卖园屋既无契据难以取赎》。

标的物的位置等内容①，并作出恪守承诺、不得反悔的意思表示。敦煌文书 S5927 号纸背所记录的《唐天复二年樊曹子、刘加兴租佃土地契》载有以下内容："当日交相分付，两共面对平章，一定与后，不许休悔，如有休悔者，罚□□□□纳入官。恐后无凭，立此凭俭（验）。"② 如果不符合传统民法对契约从形式到内容的要求，不仅交易没有法律效力，而且须追究法律责任。"若契内不开顷亩，间架，四邻所至，税租役钱，立契业主、邻人、牙保、写契人书字，并依违法典卖田宅断罪。"③

依照传统社会法律规定，民间买卖土地房屋时，由交易双方协商并由中人签名盖章作保的契约，称为"白契"。其内容包括交易的性质、产业的数量或面积、坐落地点、价格、交易条件等。在契约订立后，向官府缴纳契税的叫"税契"，而如果该契约经官府登记、盖章并缴纳了契税则称为"红契"。虽然"白契"与"红契"制度本身是为了保证赋税征收，强化官府对合同的监管，但无形中也给缔约双方施加了压力，让其感受诚信履约的必要性，特别是"红契"制度强化了诚信履约。

秦汉以前田宅交易已经出现"白契"，晋代时即有"红契"，唐朝的典籍中出现关于契约的法律规定。依照唐律规定，买卖奴婢、马牛驼骡驴等重大标的物，交易双方须在买卖行为发生后的三天内，在市司的监督下订立"市券"，即订立盖有市司官印的买卖

---

① 如三国两晋南北朝时期，《曹魏太和元年（227 年）郭孟买地券》：太和元年二月十日鄇觚民郭孟（给）从从兄□宗□地三十五亩，要永为家业，与谷四十斛，要无寒盗口，若有人庶忍仰倍还本物，谷时贾石五斗［宣］五十（斤），布四十尺。地南有大道，道南郭寄地，西有郭凤起地，地东右口侯郭秦地北；北临堡南领。破券之后，各不得变悔。人郭元智、郭僧、郭秦（会）仁。（《吐鲁番文书》65TAM39：33，文物出版社，1981）。

② 中国科学院历史研究所资料室编《敦煌资料》第一辑，中华书局，1961，第 321～322 页。

③ 《宋会要辑稿·食货》。

契约，否则须承担法律责任，"卖方笞二十，买方笞三十"①。宋代法律要求"立券投税者谓之红契"，田宅买卖必须"立券报官"，交纳契税。官府在契券上加盖公印，称之为"税契"。红契是纳税与土地所有权的凭证，宋代郑克在《折狱龟鉴》的按语里说："争田之讼，税籍可以为证，分财之讼，丁籍可以为证"。即争夺田产的诉讼，以纳税的记录为证据，确定田产的归属；家庭财产分割纠纷，以户口簿为证据。元朝规定只有经过官府确认并提供凭据的不动产买卖，才可以"印契税契"。明朝延续该规定，并添加中人制度。清朝沿用明制，甚至在雍乾时期颁布官版契纸。虽然"红契"制度的目的是为加强国家赋税征收，但客观上起到了加强缔约与履约诚信度的作用。国家权力介入，对民事契约内容进行审核，保证了契约内容得到诚信的贯彻。该制度一直沿用到清朝。清代时，为了稳定交易秩序，法律规定交易双方须在交易后一年内缴纳契税，完成交付手续，诚信履约制度的规定较以往更为严密。

传统社会对契约内容完备的规定，为双方当事人诚信履约奠定了基础，其中红契制度强化了缔约的可信度和法律约束力；税契制度对契约起到了公示的作用，也强化了诚信履约。可以说，"从西周至晚清，国家法或公权力一直都以诚信为立契履约之本，并以国家力量作为其保障手段"②。契约公示制度是商业义务、道德义务、法律义务三者的重合。

其次，传统民法规定了不动产登记制度，以保证权属诚信。不动产登记是指"经权利人申请，国家登记部门将有关申请人的不动产物权的事项记载于不动产登记簿的事实"③。换言之，即登记申请人对不动产物权的设定、转移在专门的登记机关依照法定程序

---

① 唐《关市令》。

② 刘云生：《中国古代契约法》，西南师范大学出版社，2000，第 199 页。

③ 孙宪忠：《论不动产物权登记》，《中国法学》1996 年第 5 期。

进行登记①。其登记信息是能够查阅的，能够产生公示公信的法律
效力。我国自西周开始，就已有土地管理制度。《周礼·秋官·大
司徒》曰："掌建国土地之图，与其人民之数，以安抚邦国，以天
下土地之图，周知九州之地域，广轮之数，办其山林川泽、丘陵坟
衍原湿之名物"。据此，我们可以知道土地登记属于大司徒的职
权。由于土地事关国家赋税和乡民的生存，传统社会历来对其进行
登记管理。唐朝之后，土地买卖就有了立契、申牒或过割制度，而
宋朝与明朝时期的鱼鳞图册堪称中国传统社会土地管理制度的
典范。

　　宋朝自赵匡胤"杯酒释兵权"之后，土地不断私有化。针对
"绝大部分土地是民间私有，国有土地比重很小，而且公田还在不
断民田化"②的现实，为确认土地权属、保证赋税收入，南宋绍熙
元年（1190 年），漳州等地即开始编制鱼鳞图册，以期实现"丈量
有册，垦报有册，过户有册，实征有册"③。明洪武元年（1368
年）春，针对两浙富民诡寄田产、逃避赋税的问题，朱元璋援用
宋朝做法，派遣周铸等一百六十四人赴浙西核实田亩，并在松江编
制鱼鳞图册。次年其派国子监监生武淳等人分别到各州县巡视，全
面清理、丈量各地土地，核实各户田亩数量，编造土地登记的鱼鳞
图册。洪武十四年（1381 年）正月，朱元璋下令编制内容详细的
户口簿——黄册，同时编制记录各乡各户的土地数额的鱼鳞图册。
其"令民自实田，汇为图籍"④，将田地山塘挨次排列、逐段连缀
地绘制在一起，标明所有人及土地方圆四至；并对土地变动情况一
概予以登记，"其田地等项，买者从其增添，卖者准令过割，务不

---

① 王利明：《物权法研究》，中国人民大学出版社，2002，第 194 页。
② 赵冈：《永佃制研究》，中国农业出版社，2005，第 31 页。
③ （清）徐栋：《牧令书》卷一八《刑名中》，《王植·听断》。
④ 转引自王思治《评〈明代黄册制度〉》，《历史研究》1962 年第 3 期。

失原额"①。鱼鳞图册具有诉讼证据的效力，"鱼鳞册为经，土田之讼质焉"②。

虽然中国传统社会的鱼鳞图册等并非真正意义的物权登记③，但始于宋朝"田制不立"④并延续至明清时期的土地登记制度，实际上具有物权登记的功能。其允许查阅并作为权属证明的功能，为交易双方诚信交易提供了平台，客观上既保证了田宅交易的安全，又加强了官府对民众诚信交易的监督，"坚守诚信原则，不得重复典卖"⑤等诚信观念深入人心。

再次，传统民法规定了物勒工名制度，以保证标的物质量诚信。对传统社会而言，手工业是其工业的主要形式，国家产品质量保证制度首先适用于手工业产品质量。因为其关涉手工业界的生存与发展，"古人对此早有认识并将之上升为国策"⑥。为了保证交易标的的质量，春秋战国时期秦相吕不韦就主张"物勒工名"以落实产品责任制⑦。具体做法是，每年十月农闲时节命令工匠将自己的产品交"大工尹"审查其大小、容量、品质、结实程度，并要

---

① 曹余濂：《明代"赋役黄册""鱼鳞图册"考略》，《档案与建设》1999 年第 3 期。
② 《明史》卷七七《食货志》。
③ 王利明认为，我国在民国以前的历史上并没有真正形成以公示为目的的登记制度（参见王利明《物权法研究》，中国人民大学出版社，2002，第 197 页）；俞江认为，无论是哪一种今天看来属于物权性质的纠纷，在古代民间和官府，都没有今天所谓追究登记或公示或任何其他物权设定行为一说，而是必然地被换算成追溯契约关系的有效性（参见俞江《是"身份到契约"还是"身份契约"》，《读书》2002 年第 5 期）。
④ 《宋史》卷一七三《食货上一》。
⑤ 顾华详：《论古代土地所有权保护制度的特征》，《新疆师范大学学报》（哲学社会科学版）2009 年第 1 期。
⑥ "用器不中度，不粥于市；兵车不中度，不粥于市"；"布帛精粗不中数，幅广狭不中量，不粥于市；奸色乱正色，不粥于事"；"五谷不时，果实未熟，不粥于市；木不中伐，不粥于市；禽兽鱼鳖不中杀，不粥于市。"（《礼记·王制》）
⑦ "命工师效功，陈祭器，案度程，无或作为淫巧，以荡上心。必功致为上，物勒工名，以考其诚。工有不当，必行其罪，以穷其情。"（《礼记·月令》《吕氏春秋·孟冬记》）

求"制造者把自己的名字刻在器物上"① 以接受社会监督，来考量其诚信度，如果产品不符合质量要求，则追究其法律责任。春秋战国后期，"秦国还按国家、郡、县三级实行经营管理制度"②，主管官员必须署名以确定监管责任。唐高宗永徽六年（655），法律规定由官府颁布弓矢长刀等兵器的质量标准，并规定制造者必须在产品上标注自己的姓名，然后才允许出卖。"凡出卖者，勿为行滥其横刀、枪、鞍、漆器之属者，各令题凿造者姓名。"③《唐律疏议·杂律》明确规定："诸造器用之物及绢布之属有行滥短狭而卖者，各杖六十。"即如果生产生活用品及绢布之类产品的生产者，出售存在粗制滥造、缺斤少两、尺寸不足等问题产品的，罚杖六十。明朝的规定则更为严格，产品不牢靠，绢布等纺织品短狭、厚度不够，不但处以笞五十的刑事处罚，而且产品要被没收。依照当时的规定，"凡造器用之物不牢固真实，及绢布之属纰薄短狭而卖者，各笞五十，其物入官"。④

唐朝通过物勒工名的方式，考核制造者的诚信状况，如果产品不符合质量标准，则追究其刑事责任，即"以考其诚，功有不当，必行其罪"⑤。虽然后世各朝所采处罚方式不同，但物勒工名的产品质量保证制度在元、明、清等朝代均予以实施⑥。物勒工名的产

---

① "于是之时，冬闭无事。命此工官之长，效实百工所造之物，陈列祭器，善恶案此器。旧来制度大小，及容受程限多少，或有也，勿得有作过制之巧，以摇动在上，生者侈之心，必功致为上者。言作器不须靡丽华侈，必功力密致为上，又每物之上刻勒所造上匠之名于后，以考其诚信与否。若其用材精美，而器不坚固，则功有不当，必行其罪罚，以穷其诈伪之情。"（《礼记集说》卷四五）。

② 胡湘镕：《我国古代的产品质量责任制》，《建筑机械化》1994 年第 4 期。

③ 唐《关市令》"出卖"条。

④ 《大明律·户律·市廛》。

⑤ 《唐律疏议·杂律》。

⑥ 元朝时期至元十八年（1281 年）十二月圣旨规定："随路织造缎匹布绢之家，今后选拣堪中丝绵，须要清水夹密，并无药绵，方许货卖。如是成造低歹物货及买卖之家，一体断罪。外据诸人，见有纰漏窄短缎疋布绢，令所在官司取会（转下页注）

品质量保证方式，不仅促进了传统工艺的保留，而且促进了诚信经营历史传统的形成。

　　在规范手工业产品质量的同时，传统法律也注重对奴婢及牲畜品质的保证。南北朝时期，梁国子监祭酒明山宾由于生活困难而不得不出售自己家中的耕牛，在售后如实告知买主耕牛健康存在瑕疵、买主退货的故事①，为后世买卖牲畜三日听悔的法条制定提供了历史渊源。唐律规定，对患病的奴婢、马牛驼骡驴等标的物，买卖双方订立契约之后三天内允许毁约退货②；卖方如不同意买方悔约，要被处以笞四十的刑罚。奴婢的买卖必须经过地方官员验身，由其父母见证并订立契约，获得太府寺允许方可进行③。该规定为民间所认可并实施④，以防卖良为贱。

　　物勒工名、买卖听悔等产品质量制度，强化了卖方的品质保证义务，提高了产品的信誉度，为诚信经营提供了制度保证。

　　最后，传统民法规定了保证与定金等担保制度，以保证民事主

（接上页注⑥）见数立限发卖限外，发卖者其物没官，仍约量断罪"。（《元典章·工部》）《大明律·户律·市廛》规定："凡造器用之物不牢固真实，及绢布之属纰薄短狭而卖者，各笞五十，其物入官"。清律也明文规定对"不牢固正实"产品的生产者、货卖者予以惩罚。

① "性笃实，家中尝乏用，货所乘牛。既售，受钱，乃谓买主曰：'此牛经患漏蹄，治差已久，恐后脱发，无容不相语。'买主遽追取钱。"（《梁书·明山宾传》）

② 《唐律疏议·杂律》云："诸买奴婢、马牛驼骡驴，已过价，……立券之后，有旧病者三日内听悔。无病欺者，市如法。"

③ 《唐大诏令集》卷五《帝王改元下·改元天复赦》规定："旧格：买卖奴婢，皆须两市署出公券，仍须本县长吏，引验正身，谓之过贱，及问父母见在处分，明立文券，并关牒太府寺。"

④ 吐鲁番出土的唐代买卖契约文书有此证明。唐咸亨四年（673年）西州前庭府杜某买驼契："咸亨四年十二月十二日，西州前庭队正杜……交用练四十匹，于康国兴生胡康乌破延边买取黄敦驼一头，年十岁。其驼及练，及交想（相）付了……三日不食水草，得还本主。待保未集，且立私契，保人集，别（立）市券。两和立契，获指……验。"《吐鲁番出土文书》第六册就有一件唐龙朔元年（661年），卖主为张庆住、买主为左憧憙的买奴契残券："龙硕元年五月二十三日，高昌县崇化乡人前庭府卫士左憧憙，交用水练六匹、钱五文，柳中县五道乡蒲昌府卫士张庆住边买奴一人，字申得，年十五……不……奴及练到日交相付。……三日得悔。……者，一仰……为信。"

体履约的诚信。依靠官府救济是民间债务纠纷的最后程序，也是迫不得已之举。为防止民事纠纷，中国古代特别注意在契约中约定担保条款。传统社会的契约担保分为两种，人保与物保（含定金），此外还存在一种中国传统社会独有的、融用益物权与担保职能于一身的典当制度，它们与民间习俗相结合，"形成了一个完整的契约担保体系"①。

人的保证制度在中国历史悠久，其渊源于中人制度。传统民法的中人制度包括保证的功能②，保证人作为中间人，是当事人之外的与债权人约定为主合同债务提供担保，当债务人不能履行义务或履行义务不符合契约要求时由其承担责任的第三人。在《周礼》中，"傅别""书契""质剂""判书""约剂"等契约形式中已经出现中人的身影，此时虽未直接称呼促成和保证契约交易的人为中人，但据史料记载他们已经参与买卖双方的契约活动。共王时期铜器《五祀卫鼎》就记载了裘卫换田，并邀请有关官员、证人参加，签订了交换契约一事。秦律规定经手人或同伍之人承担连带责任，如"其限（假）者死亡，有责毋（无）责也，吏代赏（偿）"③。汉朝以后，中人参与契约的订立成为普遍现象，但在唐宋之前，由于有些买卖活动具有即时性，人保条款并不是每契必具。唐朝之前称中人为"'任者、任知、任知者、时任知者、旁人、时旁人、时临知者、时知券

---

① 高学强：《试论中国古代契约中的担保制度》，《大连理工大学学报》（社会科学版）2009 年第 4 期。

② 学界对中人的作用认识不一。美国学者杜赞奇认为中人是签约的介绍人、见证人、保人以及诉讼时的证人与调解人；梁治平先生认为中人是在交易双方之间起中介人与履约监督人的作用；李志敏先生认为保人为契约一方向另一方做了保证，担负代偿责任、连保者的代偿责任和督促还债的责任；戴炎辉先生则认为，保证人只担保债务人不逃亡，即须留意于债务人不逃亡。就其外延而言，中人既包括保证人与证人，也包括民事活动的中介，此外其他有中等人的意思。

③ 睡虎地秦墓竹简整理小组编《睡虎地秦墓竹简》，文物出版社，1978，第 72 页。

约'等等"①，唐朝时期称之为"时见""知见人""知见""旁人""临坐"等②。唐宋时期要求不动产买卖的中人须为卖方的亲属，诸如"保人男""保人弟""男粉子、支子""口承人"等③。

随着时代的变化，保证人的职责也在不断变化。汉朝时期的中人不仅担负居间介绍、评议交易价格、促成交易并见证交易的功能，也要担保债务人不逃亡。在债务人逃亡后，其要负责将债务人找回，否则须承担代偿责任。唐朝时期保证人的称呼逐步从中人制度中分离出来，"保人"成为保证人的通用称呼，保证人的责任被规定为担保债务人逃亡、死亡后债务不能清偿时的代偿责任，即"如负债者逃，保人代偿"④。

宋朝时保证人的制度被强化。首先，宋朝法律扩大了保证人的范围。牙保、见证的邻人等都被纳入保证人的范围，从法律层面上明确了在契约上签名的保人、邻人与业主（卖方）共同的瑕疵担保责任⑤。《宋刑统》"典卖指当论竞物业"条规定：如果"业主填纳罄尽不足者"，则"勒同署牙保、邻人等，同共陪填，其物业归初倚当之主"⑥。其次，宋朝法律强化了保证人的地位，规定契约必须有担保人签名。如果契约上没有担保人的签名，缔约双方须承担法律责任，该契约没有法律效力⑦。此外，宋朝法律扩大了保证人的担保范围，标的物瑕疵被纳入保证人的担保范围。

---

① 李祝环：《中国传统民事契约中的中人现象》，《法学研究》1997年第6期。
② 张姗姗、陈雷：《唐宋时期买卖契约与借贷契约中的人保制度探析》，《当代法学》2011年第5期。
③ 李祝环：《中国传统民事契约中的中人现象》，《法学研究》1997年第6期。
④ 《唐令拾遗·杂令》"公私以财物出举"条。
⑤ 韩伟：《唐宋时期买卖契约中的瑕疵担保——以敦煌契约文书为中心的考察》，《兰州学刊》2010年第2期。
⑥ 《宋刑统》卷一三。
⑦ 《宋会要辑稿·食货》云："绍兴十年申明将上件不依格式，并无牙保、写契人书字，并作违法断罪，不许执用。"

从此，保证人不仅要保证债务的履行，而且要担保标的物质量符合约定。

除了人的保证之外，传统民法还规定了物的保证制度，抵押与质押等是主要的物的保证方式。

相对于人的保证制度，物的保证制度出现得相对较晚。南北朝时期物的保证开始有记载，据《南史·临川靖惠王宏传》记载，梁朝临川王萧宏的邸舍中有悬券，所谓"出悬钱立券，每以田宅邸舍悬上文券，期讫，便驱券主，夺其宅"，田宅邸舍在此充当了担保物。唐朝出现了调整抵押物权的"指名质举"之说，当时称抵押为"指产""指当""按指""抬押"等，为画押抵借之意。根据唐代法律和习俗，如果抵押物因不可抗力而消灭，则适用"房倒烂价"规则，不能强迫债务人偿债。此外，唐朝时除了不动产可以抵押外，孳息亦可以充当抵押物，如在"汇租押"中不仅已经出租的田地可以充当抵押物，而且将来可收取的地租也可以充当抵押物。宋朝将抵押称为"抵当"，北宋元丰五年（1082年）专门出台了《抵当法》，以此规定，抵当就是将自己的产业作为担保进行借贷，而产业所有权、占有权均不改变。

定金作为传统民法规定的另一种担保方式，其要求在合同订立时或在合同履行之前支付一定数额的金钱作为担保。如已授受定金，当事人须遵守契约，不许因一方的意思而随意解除契约①。作为传统中国买卖货物的担保方式，定金被称为"贉"。据史料记载，以定金作为债的担保始于六朝，六朝至唐以"贉"作为预付定金的代称。《广韵·四十八感》将"贉"解释为"买物先入直也，一本，直作钱"。宋元以后"贉"被称为"定金""定银"

---

① 戴炎辉：《中国法制史》，三民书局，1979，第33页。

"定钱""定洋"等，数额通常为价金的一成上下，且凑入价金之数①。学者从"定"字出发，认为定金具有担保、强制契约履行的作用。由于定金制度限制了买方的优势地位，故确保了买方诚信履约。

典当是中国历史上独有的商事活动，具有担保物权与用益物权双重属性，其中典当中的担保物权包含抵押和质押两种类型。据《后汉书·刘虞传》记载，当时的刘虞原打算把受赏之财质押外族，却被公孙瓒劫掠②。这是迄今为止关于典当一词最早的记载。典当成为行业，当出现于南北朝时期的佛寺质贷。《南史·甄法崇传》中记载，甄法崇的孙子甄彬"尝以一束苎就州长沙寺质钱，后赎苎还，于苎束中得五两金，以手巾裹之。彬得，送还寺库"。其中的寺库就是寺院内专门经营的当铺。此外《南齐书》记载："渊薨，澄以钱万一千，就招提寺赎太祖所赐渊白貂坐褥，坏作裘及缨，又赎渊介帻犀导及渊常所乘黄牛。"

典当制度经隋唐五代宋辽金元的发展，至明朝时期逐步确立典卖不分的立法模式。由于其既可以作为债务的担保，又可以有效融资，且债务人无须背负"败家子"的骂名，从而成为民间使用较广的一种担保方式。《大明律·户律·田宅》规定："以田宅质人，而取其财，曰典。以田宅与人，而易其财，曰卖。典可赎，而卖不可赎也。"即典是作价抵押，而卖是等价交换，形成的分别是担保物权与债权。典可以回赎，如果出典人明确宣布无力回赎，愿意绝卖，则允许出典人按田宅实价找贴一次，出典人放弃所有权而典物归债权人所有③。如果典权人没有经过找贴、

---

① 王利明等：《民法新论》，中国政法大学出版社，1987，第323～324页。
② 《后汉书》卷七三《刘虞传》："虞所赍赏，典当胡夷，瓒数抄夺之。"
③ 《大明律·户律·田宅》规定："如契未载绝卖字样或注定年限回赎者，并听回赎；若卖主无力回赎，许凭中公估找贴一次，另立绝卖契纸；若买主不愿找贴，听其别卖归还原价……"

绝卖等程序且未办理纳税等手续，则无法获得典物的所有权，还须承担法律责任。① 清律基本沿用明朝规定，但规定更为严密：清律规定典契须明确标注"回赎"字样，否则视为卖契并须纳税②；同时一改以往没有典期的做法，明确规定典权以十年为限，超过规定年限可以宽限一年，但必须重新办理出典手续，否则视为违法。③

典权实际上是在信贷不够发达的情况下为保证借贷人诚实履行还款义务，确保出借人的利益而采用的一种特殊融资担保方式，满足了传统社会对交易诚信的要求，稳定了融资秩序。

三　合理性：传统民法的价值要求

春秋战国时期，诸子百家围绕义与利之间的关系问题进行了激烈的争论，义利兼顾、以义为先的观点成为民事行为合理性价值判断的标准。

早中中国远古传说中即有商品交易的记载："庖牺氏没，神农氏作，列廛于国，日中为市，致天下之民，聚天下之货，交易而

---

① 《大明律·户律·典卖田宅》规定："凡典卖田宅不税契者，笞五十，仍追田宅价钱一半入官。不过割者，一亩至五亩，笞四十，每五亩加一等，罪止杖一百，其田入官。若将已典卖与人田宅朦胧重复典卖者，以所得价钱计赃，准窃盗论，免刺，追价还主，田宅从原典卖主为业。若重复典卖之人及牙保知情者，与犯人同罪。追价入官。不知者，不坐。其所典田宅、园林、碾磨等物，年限已满，业者备价取赎，若典主托故不肯放赎者，笞四十。限外递年所得花利，追征给主，依价取赎。其年限虽满，业主无力取赎者，不拘此律。"

② 《大清律例·典买田宅》规定："嗣后民间置买产业，如系典契，务于契内注明'回赎'字样；如系卖契，亦于契内注明'绝卖''永不回赎'字样。"又规定："活契典当田房，一概免其纳税。其一切卖契无论是否杜绝，俱令纳税。"

③ 清嘉庆六年公布的《户部则例》规定："活契典当年限不得超过十年，违者治罪"。"民人典当田宅，契载年份，统以十年为率，限满听赎，如原业主力不能赎，听典主投税过割执业。倘于典契内多载年份，一经发觉，追缴税银，照例治罪。"清《户部覆议》中又规定："典限以三、五年至十年为准，契约二、三十年，四、五十年以上者，须于三年内呈明改典作卖。"乾隆《户部则例》卷一六规定："十年期满，原业主力不能赎，再予余限一年。"

退，各得其所。"① 而在西周时期，管理者就开始关注民事主体之间利益的合理分配问题，至春秋时期此已成为社会焦点问题。

春秋时期处于社会转型期，政权更迭频繁，宗法制解体，井田逐步被侵吞，诸侯之间战乱不断，"礼崩乐坏"，"天下无道"。"社稷无常奉，君臣无常位，自古以然。故《诗》曰：'高岸为谷，深谷为陵。'三后之姓，于今为庶。"② 与此同时，地主经济发展迅速，商品交易活跃，民众参与交易的频率加快。如何平衡社会利益，保证社会经济的稳定发展，成为当时诸子百家争论的热点问题。

在墨家看来，利益共享、互利互惠是民事活动须遵循的"义"，即"兼相爱""交相利"，利益平衡、公正合理就是"义"，"义者，正也"③。墨家认为，义与利是统一的，"义，利也"。④"夫爱人者，人亦从而爱之；利人者，人亦从而利之。"⑤ 只有首先关爱他人，他人才会关爱他；只有给别人带来利益，别人才会认同他，并最终为其带来利益，即利人才能利己。墨家认为，只有人们在民事活动中都遵循互利互惠、公正合理的"义"，社会才能维持，否则社会就无法维持；只有遵循互利互惠、公平合理，大家才能富裕，否则就只能贫穷；大家遵循"义"的要求，才能实现太平盛世，否则就会陷入混乱之中。即"天下有义则生，无义则死；有义则富，无义则贫；有义则治，无义则乱"。⑥ 总之，只有坚持"义"的要求，方能定国安邦，利民、利人⑦。

---

① 《周易·系辞下》，转引自肖光辉、余辉《我国古代反不公正交易法规初探》，《北方论丛》1994 年第 6 期。
② 《左传·昭公三十二年》。
③ 《墨子·天志下》。
④ 《墨子·经上》。
⑤ 《墨子·兼爱中》。
⑥ 《墨子·天志上》。
⑦ 《墨子·耕柱》载："所谓贵良宝者，为其可以利也。……今用义为政于国家，人民必众，刑政必治，社稷必安。所为贵良宝者，可以利民也，而义可以利人，故曰：义，天下之良宝也。"

法家认为"义"就是公平公正，没有偏袒。"义必公正，心不偏党也"①，这是天经地义的公理。"天公平而无私，故美恶莫不覆；地公平而无私，故小大莫不载。"② 在法家看来，追求富贵是人的本性，"人情（性）好爵禄而恶刑罚"③；人具有趋利避害的本能，"民之性，饥而求食，劳而求佚，苦则索乐，辱则求荣，此民之情也"④；人在利益面前难以不为所动，人们可以为利不惜身涉险境，"见利莫能勿就，见害莫能勿避……故利之所在，虽千仞之山，无所不上；深渊之下，无所不入焉"⑤。因而依法治理天下，其法律要符合人之本性的要求，"凡治天下，必因人情"⑥，且必须将公平公正作为法律的精神，并贯彻于法律之中。在法家看来，法律就是义的外在表现，"利（刑）者，义之本也"⑦。依"义"而为业就是要依法办事，将法律作为自己行为的准则，将法律作为处理君臣、父子、朋友关系的准则⑧。

先秦儒家认为人的逐利本性具有存在的合理性。在孔子看来，追求富贵是人的基本欲望，"富与贵，是人之所欲也……贫与贱，是人之所恶也"⑨。荀子认为人不同于动物的特点就在于人具有辨别能力，其不仅具有动物的自然属性，而且会追逐利益⑩。但先秦

---

① 《韩非子·解老》。
② 《管子·形势解》。
③ 《商君书·错法》。
④ 《商君书·算地》。
⑤ 《管子·禁藏》。
⑥ 《韩非子·八经》。
⑦ 《商君书·开塞》。
⑧ 《韩非子·解老》载："义者，君臣上下之事，父子贵贱之差也，知交朋友之接也，亲疏内外之分也。臣事君宜，下怀上宜，子事父宜，贱敬贵宜，知交友朋之相助也宜，亲者内而疏者外宜。义者，谓其宜也，宜而为之。"
⑨ 《论语·里仁》。
⑩ 《荀子·非相》曰："人之所以为人者，何已也？曰：以其有辨也。饥而欲食，寒而欲暖，劳而欲息，好利而恶害，是人之所生而有也，是无待而然者也，是禹桀之所同也。"

儒家认为须正确处理义利之间的关系，主张重义轻利。而处理义利问题须首先摆正个人利益与群体利益之间的关系，主张群体利益优先，"己利须为群利让路，甚至为群利牺牲己利"①；其次，必须准确处理个人利益与他人利益之间的关系，做到"己所不欲，勿施于人"②，将心比心、推己及人，而不能损人利己，即所谓"君子喻于义，小人喻于利"③，"君子动则思礼，行则思义，不为利回，不为义疚"④。虽然先秦儒家承认人的逐利本性，但要求人们谋利必须具有合理性，"不义而富且贵，于我如浮云"⑤；甚至要求人们要舍生取义，"生亦我所欲也，义亦我所欲也，二者不可得兼，舍生而取义者也"⑥，极力倡导一种"富贵不能淫，贫贱不能移，威武不能屈"的大丈夫人格⑦。

程朱理学将先秦儒家的公利——"义"上升为"天理"，"合义性"变成合理性。后儒们继承先儒的观点，认为义利是人与生俱来、不可或缺的因素，其中利益是人生存的物质基础，义是人道德修养的思想基础，没有道德则不快乐，没有利益则无法维持生存，即"天之生人也，使人生义与利，利以养其体，义以养其心。心不得义不能乐，体不得利不能安"⑧。但在他们看来，君子是重义轻利。董仲舒提出"正其谊（义）不谋其利，明其道不计其功"⑨；程颐主张"不独财利之利，凡有利心便不可"⑩。而朱熹认

---

① 俞荣根：《儒家义利观与中国民法文化》，《政治与法律》1996 年第 3 期。
② 《论语·颜渊》。
③ 《论语·里仁》。
④ 《左传·昭公三十一年》。
⑤ 《论语·述而》。
⑥ 《孟子·告子上》。
⑦ 廖加林：《论儒家义利观的实质及困境》，《船山学刊》1998 年第 1 期。
⑧ （汉）董仲舒：《春秋繁露》，中华书局，1963，第 86 页。
⑨ 《汉书·董仲舒传》。
⑩ 《二程遗书》卷一六。

为"凡事不可先有个利心"①，并将此上升为"天理"，"义者天理
之所宜也，利者人情之所欲也"②，提出"存天理灭人欲"，要求人
们应当为公利而克服个人私欲。宋朝的张载则明确提出公利即为
义，"义，天下之公利"③。清人则将义与利合理统一。颜元提出谋
利度功是人活动的基本特征，道德（义）存在于人们谋利计功的
行动之中，并非空谈，"正谊便谋利，明道便计功"④；而君子的可
贵之处在于义中取利，"义中之利，君子所贵也"⑤。这可以说是中
国封建社会中最为合理的义利观⑥。

总之，儒家注重协调私利与公利的关系，"富与贵，是人之所
欲也，不以其道得之，不处也；贫与贱，是人之所恶也，不以其道
得之，不去也"。⑦ 儒家要求采取合情合理的适当方式谋取利益，
做到君子爱财，取之有道。"义者，宜也"⑧，在儒家看来，以适当
的方式、合理的价格获取利益才是符合"义"的行为，若得之有
道，"虽执鞭之士，吾亦为之"⑨。谋利的路径合情合理就是践行了
"义"的要求，也是传统民法的精神追求⑩。

合理实际代表一种理念，即成为平衡契约主体及其他社会主体
利益之均等的支点，"是一种抽象过滤的'伦理正义'，一种利益

① 《朱子语类》卷五一。
② 《朱子语类》卷一三七。
③ （宋）张载：《正蒙·大易》。
④ （清）颜元：《颜元集》，中华书局，1987，第262页。
⑤ （清）颜元：《颜元集》，中华书局，1987，第126页。
⑥ 杨树森：《论儒家义利观的历史演变及现代意义》，《社会科学辑刊》2001年第2期。
⑦ 《论语·里仁》。
⑧ 《中庸》。
⑨ 《论语·述而》。
⑩ 俞荣根认为儒家义利观是中国古代民法的精神支柱，其对古代民法文化的影响包括
两个方面：一是作为民事习惯法的价值原则，对民事行为的当为与不当为、当得利
与不当得利的界定作用；二是作为民事纠纷的调解和审理的法律渊源，在民事诉讼
中起着止争息讼的作用。参见俞荣根《儒家义利观与中国民法文化》，《政治与法
律》1996年第3期。

形态的'中和'境界"。① 儒法合流，儒家的"伦理正义"得以融于民事法律之中，"君子爱财，取之有道"成为传统民法规范民事行为的价值追求。在传统社会，合理性的判断标准表面上是由官府公力培植并于法律条文中明示公布，实际上是对民间交易中的伦理正义法则的认同和泛化。

在传统民法中，其法律规则从诸多方面保证民事行为的"合理性"要求。

首先，传统民法要求民事行为的标的必须合理。从现存的完整法典及相关典籍入手，我们可以发现历代法典规定了诸多禁止流通物或限制流通物，例如"官物""人妻""良人""赃物""受寄物"、皇族专有之物等。如果私自买卖、持有、使用上述禁止流通物或限制流通物，不但民事行为非法而无效，而且会因违反法律的禁止性规则面临刑事处罚。《唐律疏议》的"主司私借服御物""贷所监临财物""役使所监临""卖口分田""娶逃亡妇女""和娶人妻""监主以官物借人""以良人为奴婢质债"等条，《宋刑统》的"占盗侵夺公私田""典卖指当论竞物业""卖口分及永业田"等条，《大明律》的"收留迷失子女""私茶""得遗失物"等条，《大清律例》里的"任所置卖田宅"等条，都是此类的规定。如果民事主体参与了上述物品的交易，交易行为无效，不能发生权属变动的法律效果。

从历代法典来看，不同时期的国家政策对此类标的规定各有损益，总体而言主要包括禁止流通物与限制流通物两类。其中的禁止流通物是国家专有或应当销毁的物品，任何人不能持有、交易此类物品，这些物品主要包括秦朝时期的国有土地、山川、宫殿、城池、武器、黄金珠宝乃至记载儒家思想的书籍，汉朝时期的塞外禁

---

① 刘云生：《中国古代契约法》，西南师范大学出版社，2000，第187页。

物、皇家御用物、公室财物、尚方器物，隋唐时期的口分田、御物、遗失物、逃亡妇女、迷失子女、人妻，宋朝、元朝时期的坟冢树木，明朝时期的古器、钟鼎、符印异常之物、玄象器物、天文图谶、禁书、历代帝王图像、金玉符玺以及军用物品，清朝时期的文物、不宜个人持有的古器、钟鼎、符印异常之物等。任何民事主体不得进行此类物品的交易，任何情况下民事主体持有、交易此类物品将被视为非法，将面临刑事处罚。而限制流通物是国家基于控制商业、增加赋税收入的目的，由有关行政法规明确规定实行禁榷的物品，主要是消费量大的生产生活必需品，如汉朝时期的盐铁、酒，隋唐宋元时期的永业田、盐铁酒，明朝时期的盐茶矾。此类物品的交易必须获得特别允许，如取得类似"茶引""盐引"等专营许可证方可经营，否则即可因标的物的限制流通性而导致行为丧失正当性，引发法律责任。

其次，传统民法要求民事行为方式必须合理。在自然经济中，法律注重物的静态归属保护；在商品交易中，法律注重物的动态交换保护。在两种经济形式并存的社会，作为调整民事主体利益归属与交换的传统民法，以民事活动的自愿、诚信与合法为宗旨，是对"君子爱财，取之以道"伦理道德的贯彻。其要求民事主体不能采取暴力、欺骗、恐吓等手段来谋求利益。历代法典明确规定，对违背自愿的"盗""强""占""侵""错""私（私自）"之类的行为，违背诚信的"诈""假"之类行为，违背伦理道德的"博戏赌"之类的行为以及违背法律禁止性规定的"违禁"之类的行为予以打击。例如，《唐律疏议》中的"占田过限""盗耕种公私田""妄认盗卖公私田""在官侵夺私田""盗耕人墓田""为婚妄冒""同姓为婚""夫丧守志而强嫁""假借官物不还""略和诱奴婢""卖买不和较固""买奴婢牛马不立券""负债违契不偿""负债强牵财物""错认良人为奴婢部曲""博戏赌财物""侵巷街阡陌"

"占山野陂湖利"等条所规定的行为，因行为方式不合法而得不到法律的认可。而《宋刑统》中的"放良压为贱""略卖良贱""恐喝取人财物""诈欺官私取财、诈为瑞应、诈教诱人犯法""受寄财物辄费用、错认良人为奴婢子孙、博戏赌财物""违律为婚"条，以及《大明律》中的"立嫡子违法""私役部民夫匠""收养孤老""盗卖田宅""任所置卖田宅""典买田宅""盗耕种官民田""弃毁器物稼穑""擅食田园瓜果""私借官车船""私借官物""私借钱粮""违禁取利""费用受寄财产"条所规定的行为都是因行为方式违法而无效，且须受到刑事处罚。此外《大清律例》中"出妻""强占良家妻女""嫁娶违律主婚媒人罪""盗卖田宅""任所置买田宅""盗耕种官民田""弃毁器物稼穑""私借官车船""擅食田园瓜果"等条所涉及的行为也一概违法而无效。采用上述行为而获得利益，违背了自愿、"和同"、诚信、公道等传统伦理道德的要求，属于损人利己、"不仁不义"的行为，故无论从道德上，还是从法律上，都应当认定为无效。

最后，传统民法要求民事主体的盈利程度必须合理。

由于民事活动的多样性，传统民法只能就比较重要的民事活动的权利义务分配进行调整，其中特别重视对民事主体的获利程度进行法律控制，以保证双方利益的平衡。

典当作为一种处置不动产的重要方式，事关出典人回赎权利的实现，也关系不动产交易秩序的稳定。为了防止典当行利润过厚而损害公平交易的进行，历代民法多对典权人的贷款利息予以限制，以防止典权人利用优势地位，损害出典人的利益。西汉时期规定借贷月利息率不得超过六分，即使贷款时间很长，其利息总额不得超过本金，"积日虽多，不得过一倍"。官员如果违反此条规定，依照《汉书·食货志》记载，则将受到废爵位、免官职的处罚。据史料记载，武帝元鼎元年（前116年），旁光侯刘殷"坐贷子钱不占租，取息过律，会赦，免"①。元明清诸朝对此规定进一步细化，不仅禁止出借人违禁取利，而且禁止利滚利；不仅处罚违反规定而收取利息的出借人，而且对超过利息规定支付利息的借贷人也给予经济处罚，利息与本金收归国有。元朝法律规定："诸称贷钱谷，年月虽多，不过一本一息。有辄取赢于人，或转换契券，息上加息；或占人牛马财产，夺人子女以为奴婢者，重加之罪，仍偿多取之息，其本息没官。诸典质，不设正库，不立信帖，违例取息者，禁之。"明清时期的法律减轻了借贷人的义务，将利息降低为三分，并保留了利息不得超过本金、严禁计算复利的要求②；对于违者甚至给予笞四十的刑事处罚，情节严重的，给予杖一百的处罚。

民事活动是民事权利与义务的再分配，在民事活动中当事人之间形成民事法律关系，且此法律关系亦属于当时社会关系的重要组成部分。为了保证民事行为合理进行，传统社会提供了诸多配套措施。

第一，统一度量衡，为民事活动合理性提供计量认定手段。

西人以天平为公平公正的象征，而中国古代视秤为公平合理的象征。秤量物，不会凭私心而改变其斤两，因此用秤称物被视为公正。《淮南子·主术训》提出："衡之于左右，无私轻重，故可以为平；绳之于内外，无私曲直，故可以为正；人主之于用法，无私好憎，故可以为命。"③ 由于度量衡被视为公平的象征，为实现社会和谐、天下大治，平衡民事活动双方的利益，历朝都重视度量衡的统一与建设。

为了便于土地的管理与交易，早在大禹治水时就已经具有了计

---

① 《汉书》卷一五《王子侯表》。
② 《大明律·户律·钱债》与《大清律例·户律·钱债》的"违禁取利"条皆规定："凡私放钱债及典当财物，每月取利，并不得过三分，年月虽多，不过一本一利。违者，笞四十。"
③ 《淮南子·主术训》。

量标准①。为了掌握疆域实情，大禹派遣官员赴各地实际测量土地面积，并运用跬、步、里等单位计量土地②，后将步界定为双脚各迈一次，而将跬界定为单脚向前迈一次③。为了加强土地管理，夏朝出现了井、成、同、甸等面积计量单位，依照郑玄的注释，"六十四井为甸，甸方八里，居一成之中，成方十里，出兵车一乘，以为赋法"④。为便于物品的交易，夏朝出现了尺、寸、分等计量单位。按照古籍记载，人手至动脉口的长度分为十分，十分为一寸，十寸为一尺。《韩诗外传》《独断》《律吕精义》《通典》等对此均有记载⑤。此外，夏朝时期还出现了大口陶尊和铜戈，并以此为容量和重量的衡具。

　　商族是一个擅长于工商业活动的民族。在取得政权之后，其广泛使用夏朝度量衡，并发明了"寻"的计量单位。同时，商朝依据矩弓、步等对田地进行丈量，形成了以田为代表的地积单位。西周时期是古典商品经济的发达时期，当时商品的交换以"量度"计价并据此征税，即"以量度成贾而征续（买）"⑥。为规范市场商贾买卖的公平，西周规定了统一的计量单位，"同其度量，一其淳制"⑦。当时计算米粟的量词包括斗、斛、籔等⑧，统治者也确定了

---

① 《史记·夏本纪》载禹治水，以"身为度，称以出"，"左准绳，右规矩，载四时以开九州，通九道，陂九泽，度九山"。

② 《淮南子·地形训》载："禹乃使太章步自东极，至于西极，二亿三万三千五百里七十五步；使竖亥步自北极，至于南极，二亿三万三千五百里七十五步。"

③ 《小尔雅·广度》云："跬，一举足也，倍跬谓之步。"《荀子·劝学》曰："不积跬步，无以致千里。"《周礼·冬官·考工记》载："野度以步。"

④ 《诗经·小雅·信南山》。

⑤ 《韩诗外传》云："禹十寸为尺。"蔡邕《独断》卷上云："夏以十三月为正，十寸为尺。"《通典·礼》云："夏后氏……十寸为尺。"明代朱载靖《律吕精义·内篇》记载说："历代尺度，皆本诸黄钟而损益不同；……有以黄钟之长，均作九寸者，而寸皆九分者，此黄帝命伶伦始造律之尺也。……有以黄钟之长，均作十寸，而寸皆十分者，此舜同律度量衡之尺，至夏后氏而未尝改，故曰夏尺。"

⑥ 《周礼·地官·司市》。

⑦ 《周礼·地官·质人》。

⑧ 《仪礼·聘礼》载："十斗曰斛，十六斗曰籔，十籔曰秉"。

禾稼和谷物的计量单位及其换算①，并确定了重量单位寻、匀（钧）、斤和爱等。一匀（钧）合 30 斤，一斤约 250 克，而一寻可能合 5 斤，一爱可能合一两。为了保证度量衡的统一，合方氏"同其数器，壹其度量"②，大行人"达瑞节，同度量，成牢礼，同数器，修法则"③。依照当时的法律，度量衡由市场管理官员统一管理，商人按照斗斛、丈尺等量度标明货物的定价，以便招徕顾客。如百姓在市中进行交易时发生银钱纠纷或量度上的争执，则在各自所属的地方协调处理。质人统一度量，并随时巡行加以抽查，如有违反禁令的则予以处罚④。至此，中国古代奴隶社会的度量衡制度基本建立。

西周时周公制礼，即将统一度量衡纳入规范范围⑤，出现了亩、田、里等土地计量单位。依照当时的计量标准，一亩就是长百步、宽一步的土地；而一田即百亩，就是边长为百步的土地⑥；三百步则为一里即井田⑦。后秦始皇统一六国后，确定六尺为一步⑧。

但是随着西周的崩溃，春秋战国时期，各诸侯国实施了迥然各异的度量标准。为了实现经济上的统一与政治上的稳定，避免出现"其收赋税于民以小斗受之，其禀于民以大斗，行阴德于民"及

---

① 1 车 = 3 秅 = 6 秭 = 30 稯 = 300 筥 = 1200 秉（赵晓军：《中国古代度量衡制度研究》，博士学位论文，中国科学技术大学，2007，第 53 页）。
② 《周礼·夏官·司马》。
③ 《周礼·秋官·司寇》。
④ 《周礼·地官·司徒》载："司市掌市之治教政刑，量度禁令，……以量度成贾而征價，……凡万民之期于市者，辟布者，量度者，刑戮者，各于其地之叙。"又载："质人……同其度量，壹其淳制，巡而考之，犯禁者举而罚之。"
⑤ 《礼记·明堂位》载：周公"朝诸侯于明堂，治礼作乐，颁度量，而天下大服"。
⑥ 《韩诗外传》卷四云："广一步长百步为一亩"，"广百步长百步为百亩"。
⑦ 《春秋谷梁传·宣公十五年》载："古者三百步为里，名曰井田。井田者，九百亩。"
⑧ 《史记·秦始皇本纪》载："数以六为纪……六尺为步。"唐朝确立五尺为一步，《旧唐书·食货志》载："以度田之制，五尺为步。"此规则延续至民国时期。而三百步构成一里，《春秋谷梁传·宣公十五年》曰："古者三百步为里。"

"以大斗出贷，以小斗收"① 的现象，在统一六国的过程中，秦国逐渐将自己的度量衡推广至各国。统一六国后，秦始皇以秦国度量制为标准，推行度量衡制度的统一化。其以进位合理、量值准确的分、寸、尺制的长度单位，升、斗、斛制的容量单位，铢、两、斤、钧、石制的重量单位统一了全国的度量衡制度②，并辅之以严格的检校制度，为中国封建社会的度量衡制度奠定了基础。

有汉一代基本沿用此制，虽有损益，但主体未变。南北朝时期由于政权长期分裂且更迭频繁，度量衡也陷入分裂状态。全国度量衡的不一致，给工商业发展带来很大不便。隋文帝统一中国后以北朝大制为标准，再次统一度量衡，"三代以来，权量之制自隋文帝一变"③。至唐朝时期，各级政府统一使用铜铸造的尺等计量工具，仓库统一使用铁铸造的斛。"京诸司及诸州，各给秤尺，及五尺度、斗、升、合等样，皆铜为之。仓库令诸量函所在官造，大者五斛，中者三斛，小者一斛，以铁为缘，勘平印书，然后给用。"④由此中国传统社会的度量衡制度基本定型。

虽然历朝各代重视度量衡建设与统一的根本目的是彰显自己的政治统治力，把握经济主导权，计量征收赋税以维持政权，但客观上也维护了市场交易的公平合理性，维护了市场交易秩序。对民事活动主体而言，度量衡及计量方式的统一，为民事活动提供了技术手段，有利于当事人对民事行为进行合理预期。正是由于度量衡对国家与个人的影响甚大，故各朝特别注重度量衡的准确度。秦朝为了保证市场上使用的度量衡器的准确性，要求县令（长）及主管手工业的官吏，至少每年检查校正一次，并且规定

---

① 《史记》卷四六《田敬仲完世家》。

② 赵晓军：《中国古代度量衡制度研究》，博士学位论文，中国科学技术大学，2007，第106页。

③ （清）顾炎武：《日知录》。

④ 《唐会要》卷六六"太府寺"。

了误差的限度。为了保证市场交易的公平性，政府将度量衡的校勘权牢牢地加以控制。唐宋的《关市令》规定："诸官私斗尺秤度，每年人月诣金部、太府寺平校，并印署，然后听用。"而《唐律疏议·杂律》与《宋刑统·杂律》皆规定：如果校勘者故意校度不平，则杖七十；过失造成校勘不平的，减一等处罚；其他知情人也给予同样的处罚。[①] 如果说唐宋元诸朝注重的是度量衡使用过程中的校正的话，明清则注重从源头上杜绝度量衡恶意私造，强调在衡器上烙检验的印痕。《大明律》和《大清律例》规定："不经官司校勘印烙者，笞四十。"[②] 对于私造不公平的衡器而使用的行为，明清对于使用者与制造者皆给予处罚。"凡私造斛斗秤尺不平，在市行使者杖六十，工匠同罪。"[③] 为加强衡器检查，明朝甚至要求各地兵马司每二日一次校勘市场上的斛斗秤尺，以维护市场交易的公平性。

总之，度量衡的统一为民事主体提供了统一的计量标准，而校勘权由官府垄断为民事主体提供了可资信赖的计量手段，保证了中国传统社会民事活动的合理性与公平性。"斛、斗、秤尺，官为之谨，又有牙役以分之，集头以总之，故贸易平而争者鲜少矣。"[④]

第二，货币统一与铸币权垄断为民事行为的合理性提供价值评

---

① 《唐律疏议·杂律》云："诸校斛斗秤度不平，杖七十。监校者不觉，减一等。知情，与同罪"，《宋刑统 杂律》云："诸校斛斗度不平，杖七十。监校者不觉，减 等。知情，与同罪。"

② 《大明律·市廛》云："其在市行使斛斗秤尺，虽平，而不经官司校勘印烙者，笞四十"；《大清律例·市廛》云："其在市行使斛斗秤尺，虽平而不经官司校勘印烙者，笞四十。"

③ 《大明律·市廛》云："凡私造斛斗秤尺不平在市行使，及将官降斛斗秤尺作弊增减者，杖六十。工匠同罪。"《大清律例·市廛》云："凡私造斛斗秤尺不平，在市行使，及将官降斛斗秤尺，作弊增减者，杖六十。工匠同罪。"

④ 嘉靖《莱芜县志》卷二《集市》，转引自韩大成《明代城市研究》，中华书局，2009。

判标准。货币是随着商品交易的出现而产生并随着商品经济的发展而逐渐完备，是人类社会商品经济发展的物质前提。自诞生之日起货币就担负着价值尺度、支付手段、流通手段、贮藏手段等职能，其中价值尺度与流通手段作为货币的最基本职能，为民事交易活动提供了价值媒介与判断标准。

为了便于民事交易，中国早在远古时代就已经出现了货币，具体时间至今无从考察。"农工商交易之路通，而龟贝金钱刀布之币兴焉。所从来久远，自高辛氏之前尚矣。靡得而记云。"① 商朝以贝为民事交易的媒介，而随着商品交换对货币需求量的增加，海贝无法满足市场的需要，于是商朝开始以铜仿制海贝而出现铜贝。春秋战国时期诸侯林立，各国货币则呈现多样化的局面：三晋与两周地区最初通行布币，赵国施行铲币，齐、燕盛行刀币，秦国和魏国使用圜钱（也称圜金、环钱，即圆形方孔钱），江淮流域楚国则流通蚁鼻钱。"春秋第一相"管子充分认识到货币对于社会与经济的重要性，认为先王铸币的目的是为了解决路途遥远、交通不便而民事交易不便的问题，"故托用于其重，以珠玉为上币，以黄金为中币，以刀布为下币"②。他认为货币的颁布有助于先王控制天下财物、管理民事活动，"先王以守财物，以御民事，而平天下也"③；他还主张为保证货币价值的稳定，保证民事活动的正常进行，应当将铸币权收归国家或帝王控制④，并依据民事交易的需要决定货币的投放量。

秦统一后，为了解决货币多元化问题，公元前 210 年秦始皇颁布了中国最早的货币法，将圜钱半两及黄金等原有的货币视为全国

---

① 《史记》卷三〇《平准书》。
② 《管子·国蓄》。
③ 《管子·国蓄》。
④ 《管子·国蓄》载："君有山海之金，而民不足于用，是皆以其事业交接于君上也。故人君挟其食，守其用，据有余而制不足，故民无不累于上也。"

统一的货币①，"以秦币同天下之币"，从而结束了我国古代货币形状各异、重量悬殊的杂乱状态。秦半两钱这种圆形方孔的形制一直延续到民国初期。西汉文帝时"除盗铸钱令，使民放铸"，"盗铸如云而起"②。中央的放任政策导致货币混乱，地方郡国操控铸币权，富商大贾控制了财政权，"邓通，大夫也，以铸钱，财过王者"③，严重影响了中央政权的稳固，妨碍了民事交易的有序进行。西汉著名政论家贾谊的铜禁钱禁理论被当政者接受后，西汉中央开始了控制铸币权的努力。公元前 113 年，汉武帝收回了郡国铸币权，由中央统一铸造五铢钱，五铢钱成为当时唯一合法货币，由此确定了中央政府负责钱币铸造与发行的统一管理模式。为了防止私自铸币，保证货币的公信力，唐高祖武德四年（621 年），李渊在坚持中央铸币权的基础上，改革币帛并用的货币制度，铸造"开元通宝"，此制沿用至民国。宋明清诸朝不断变革自己的货币政策，明朝发行纸币"大明宝钞"和铜钱铸币，清朝发行自己的通宝钱币及银圆，以保证民事活动的正常开展。

由于货币的特殊性，私自铸币在中国历史上从未杜绝。为杜绝私自铸币，历朝统治者不得不改进货币的金属含量，并动用财政与法律手段打击私铸行为。王莽时期规定"一家铸钱，五家坐之，没入为奴婢"④；唐历代帝王动用财政手段，收取民间的"恶币"，"命有司出粟帛及库钱数十万缗于两市易恶钱……期一月，不输官者罪之"⑤。《唐律疏议·杂律》规定："诸私铸钱者流三千里；作具已备，未铸者，徒二年；作具未备者，杖一百。"宋沿唐制，后

---

① 《汉书》卷二四《食货志》载："秦兼天下，币为二等：黄金以溢为名，为上币；铜钱质如周钱，文曰'半两'，重如其文。而珠玉龟贝银锡之属为器饰宝藏，不为币。"
② 《汉书》卷二四《食货志》。
③ 《汉书》卷二四《食货志》
④ 《汉书》卷九九《王莽传》。
⑤ （宋）司马光：《资治通鉴》，中华书局，1987，第216页。

乾德五年（967 年）十二月又下诏规定："诸州轻小恶钱及铁鑞钱等，限一鑞悉送官，限满不送者罪之有差，敢私铸者弃市。"① 此外，宋朝注重通过控制铸币材料以求从源头防止私自铸币，法律规定："凡山川之出铜者悉禁民采，并以给官铸焉。"② 而明朝除在宝钞上印明"伪造者斩，告捕赏银二百五十两，仍给犯人财产"③ 等语外，还对私铸铜钱及使用者严刑处罚："凡私铸铜钱者绞，匠人罪同，为从及知情买使者各减一等，告捕者官给赏银五十两……若将时用铜钱剪错薄小、取铜以求利者，杖一百。"④ 在封建社会中后期，随着商品交换的发展与民事活动的频繁，金属货币的需求量增加，而矿产资源的有限又制约着金属货币的供应。北宋之后交子、宝钞等纸币的发行，形成了货币的双轨制。清朝时期曾有不法商人借机买空卖空金属货币，严重扰乱了正常的买卖活动，导致物价飞涨，民生艰难，平稳的交易秩序被破坏。御史富稼奏请整顿该投机行为，咸丰八年（1858 年）皇帝下谕整饬，要求顺天府五城立即照刑部新定章程严拿惩办，失察官员与代保之经纪一并严惩⑤，从而维护了货币价值的稳定，保证了交易的公平性与民事活动的合理性。

铸币权的中央垄断为中国传统社会的民事活动提供了稳定而具公信力的交易媒介；中孔的货币形状乃至"交子"等纸币方便携带，有利于货币广泛流通，促进了商业的发展；金属化的货币便于保存，为民事主体提供了稳定的价值储藏手段；而作为上中等货币的金银与世界通行做法不谋而合，促进了海外贸易的拓展，扩大了

---

① 《宋会要辑稿·食货》。
② 《宋史·食货下》。
③ 任均尚：《明朝货币政策研究》，《西南师范大学学报》（人文社会科学版）2003 年第 3 期。
④ 《大明会典》卷一七〇。
⑤ 《清朝续文献通考》卷五六。

民事交易的对象。尤其重要的是，币制的统一和币值的合理分布，为民事活动提供了精确的价值衡量手段。人们可以通过计算货币的增加值来评估民事活动的合理性；而政府亦可通过规定利润的比例来促进利益的合理分配，并借助法律手段打击不合理的民事行为，维护社会的和谐稳定。

第三，稳定的物价为实现民事活动的合理性提供外部环境。在中国传统社会，天下太平是历代君王社会治理所追求的目标，而百姓安居乐业又是天下大治的表征，平衡民众之间的利益分配是实现此目标的基本手段。对民众而言，物有所值是民事交易的基本要求，公道合理自然成为民事交易双方所期待的目标，而稳定市场、控制价格无疑成为传统社会维护民事活动合理性的基本途径。

传统社会物价控制制度始于西周时期。《周礼·小宰》言"听卖买以质剂"，郑玄注释"质剂谓市中平贾，今时月平是也"，可知当时已按月实行市场价格评鉴制度。当时市场上由"贾师"掌握物价，"贾师，二十肆则一人，皆二史"[1]。一般商品上市前要经贾师裁决才准入市，而贾师则会根据实际年景、地域情况及官府对该商品的态度来调节商品价格。[2] 秦时注重价格的公示以便检查，当时规定："有买及卖也，各婴其价，一物不能名一钱者，勿婴。"[3] 即买卖双方应当将价格用木签标明，只有每件不到一钱的小件物品不要系签。为了保证商品价格公道，秦汉的物价由市场官吏"月平"一次，王莽篡政后改为在每季度的"中月"评定[4]，东

---

[1] 《周礼·地官·贾师》：贾师，各掌其次之货贿之治，辨其物而均平之，展其成而奠其贾，然后令市。凡天患，禁贵儥者，使有恒贾。四时之珍异，亦如之。凡国之卖儥，各帅其属而嗣掌其月。凡师役、会同，亦如之。

[2] 何勤华、陈灵海：《法律、社会与思想：对传统法律文化背景的考察》，法律出版社，2009，第207页。

[3] 《秦律·金布律》。

[4] 《汉书》卷二四《食货志》载："诸司市常以四时中月，实定所掌，为物上、中、下之贾（价），各自用为其市平，毋拘它所。"

汉时恢复"月平"制度。唐朝实行"旬估"制度，每月按旬公布物价标准，分为上中下三等，并要求"建标立候，陈肆辨物，以二物平定，以三贾均市"①。唐朝中叶以降，"坊市制逐渐崩溃，传统的市场和商业社会控制必须因应变化"②，为了稳定物价并控制市场，兼具控制物价与买卖经纪职能于一身的牙人与牙行制度应运而生，并逐渐得到推广。后唐时期京城的市场上"凡是丝绢、斛斗、柴炭，一物已上，皆有牙人"③，以牙人的监控来保证物价的稳定与民事行为的合理性。宋神宗熙宁五年（1072 年）三月颁行"市易法"，设立市易务，拨付专款给行人、牙人以平抑物价，牙人由此控制了市场的主导权，"市肆交易，必有牙保"④。为保证牙人的公正性，宋律规定牙人参与违禁交易行为的，则须与违法交易者承担连带责任⑤。

1368 年，深受元末富商大贾控制物价之害的明太祖朱元璋在登基后的次年细化"时估"制度，要求各府州县行属"务要每月初旬取勘诸物时估，逐一核实，依期开报，毋致高抬少估，亏官损民"，如遇物货价值高下不一情况的，"官司与民贸易，随时估计"⑥。1393 年，明朝统治者进一步要求民间市肆买卖一应货物的价格，"须从州县亲民衙门，按月从实申报合于上司"⑦。为了稳定物价，明朝政府对粮食等必需品建立了预备仓，通过收籴、平粜等

---

① 《唐六典》卷二〇《太府寺》。
② 黄东海：《传统中国商业法制的一段秘史——制度变迁视角下的牙人牙行制度》，《中西法律传统》2009 年增刊。
③ 《五代会要》卷二六《市》，文渊阁四库全书本。
④ （宋）李昉：《太平广记》卷八六《异人六》"赵燕奴"条。
⑤ 如《宋刑统·户婚律》"典卖指当论竞物业"条明文规定："应有将物业重叠倚当者，本人、牙人、邻人并家上署名人，各计所欺入己钱数，并准盗论。不分受钱者，减三等，仍征钱还被欺主人。如业主填纳罄尽不足者，勒同署契牙保、邻人等，共同填赔，其物业归初倚当之主。
⑥ 《大明会典》卷三七《课程》"时估"。
⑦ 《大明会典》卷三七《课程》"时估"。

制度稳定物价，并于宣德元年（1426 年）颁令：凡“藏匿货物、高增价值者，皆罚钞。”① 为了充分发挥牙人在稳定价格、保证民事活动合理性中的作用，明朝在推行“凡客商货物，皆凭借以贸易往来者也”② 的官牙制度的过程中，特别注重对牙人的监督，如法律规定，如果牙人评估物价心存不公，以贱为贵，或以贵为贱，扰乱市场价格，“计所增减之价，坐赃论，入己者，准窃盗论，免刺”③。“若见人有所买卖，在旁高下比价，以相惑乱而取利者，笞四十”；“若已得物利，计赃，重者准窃盗论，免刺”④。嘉靖二年（1523 年），皇帝下旨要求各地“每月朔望，各集经纪，谨较斗秤，备访物价”⑤，以保证物价稳定。

　　清朝对牙人的监控更为严格，处罚较明朝更为精细。其法律规定，如果牙人评估不公，以贱为贵或以贵为贱，增减价格，“一两以下笞二十，罪止杖一百，徒三年，入己者，准窃盗论，免刺”⑥，以保证民事交易活动的合理性。

　　建立市场管理机构，稳定市场交易秩序，控制交易价格，防止市场价格大范围的波动，对保证市场交易公平合理、平衡交易双方利益大有裨益，也有利于公道合理、恪守信誉的商业道德的形成。

四　习俗：“义外”的法律补充

　　乡土社会的生活是富于地方性的。地方性是指他们活动范围有区域上的限制，区域间接触少，生活隔离，各自保持着孤立的社会

---

① 《大明会典》卷三一《库藏》“钞法”。
② （明）王肯堂：《律例笺释》卷一〇“私充牙行埠头”条。
③ 《大明律·户律·市廛》曰：“凡诸物行人评估物价，或贵或贱，令价不平者，计所增减之价，坐赃论；入己者，准窃盗论，免刺”。
④ 《大明律·户律·市廛》。
⑤ （明）陈子龙等编《议勘光禄寺钱粮疏》，《皇明经世文编》卷一〇二。
⑥ 《大清律例·户律·市廛》。

圈子。① 在地方性的民事行为中，人们乐见彼此了解的行为方式，习惯性的行为方式被一定区域范围内的人所认可，即构成习俗。

"习"字最早见于商代甲骨文，儒家将"习"解释为经常、惯常，即习惯的意思，"五年视博习亲师"②。俗字最早见于西周金文，意思为风俗，即流行于民间的通行做法。《周礼·大司徒》注曰："俗，风俗也"；《荀子·富国》注曰："俗，谓民之风俗也"；《吕氏春秋·长攻》注曰："俗，常也"。此外，《周礼·大司徒》注曰："谓常所行与所恶也。"春秋战国时期，荀子将"习"与"俗"合并使用，并界定为"风俗"的意思，"习俗之节异也"③。后《说文解字》解释为："俗，习也。"这说明俗与习在意义上具有同一性。

由于习俗是特定区域的人们长期共同生活、工作而形成的被大家所认同的行为方式，包含着世人的情感因素，具有强烈的地域性，人们可以通过习俗了解他人的思想和目的，也可以通过习俗了解其背后的文化，故乡土社会的老百姓对习俗极为重视，"常民溺于习俗"④。外乡人如果试图融入当地社会，必须从习俗入手，"人竟（境）而问禁，入国而问俗，入门而问讳"⑤，以当地通行的行为模式与人交往，方能相互了解与认同。

更为重要的是，从法的起源来说，"法生于义，义生于众适，众适合乎人心，此治之要也。法者，非天堕，非地生，发于人间，反己自正"⑥。而"法于人间""合乎人心"的观念在形式正义观不发达的传统中国大行其道。在古代社会中，有关民商事行为的具

---

① 费孝通：《乡土中国　生育制度》，北京大学出版社，1998，第9页。
② 《礼记·学记》。
③ 《荀子·荣辱》。
④ 《战国策·赵策》。
⑤ 《礼记·曲礼》。
⑥ 《淮南子·主术训》。

体规则有时很少，如"明清律例中，规范市场秩序的管理的规则始终不过五条律条，而条例最多时也不过 26 条"①，因此本地本行业的习惯和风俗就经常成为民商事纠纷的判处准据②。

总之，由于传统社会是区域相对封闭的熟人社会，习俗在人际交往、民事活动中的作用颇显重要。民事活动的合理性不仅取决于其价格、质量等实质要件，也取决于其是否符合习俗等形式要件，习俗成为实现"义外"的补充。符合习俗是传统社会民事行为正当性的地方化要求。入乡随俗成为人们民事活动的基本要求，传统民法认可习俗的法律效力并加以保护。

五　习俗的法律化

习俗是人类社会共存的行为模式，虽然东西方社会的习俗在不同的文化背景下，含义各有不同，但东西方各国对于习俗的处理方式却大同小异，即都采取了习俗法律化的方法。

在古罗马帝国的优士丁尼看来，"古老的习惯经人们加以沿用的同意而获得效力，就等于法律"。③ 在优士丁尼看来，罗马法只是习惯的成文化。习俗不仅影响了古罗马法，而且影响着第一部资产阶级民法典的制定。《法国民法典》的制定实际就是习惯与制定法之间的妥协。波塔利斯在其《民法典绪论》中写道："如果说允许这样表达的话，那么就是说我们已经完成了一种成文法与习惯法之间的妥协，即不论何时，我们已经能够使二者的规定和谐一致，

---

① 黄东海：《现实框架约束下的行为选择——以明清州县民商事司法行为的偏好为中心》，载陈金全、汪世荣主编《中国传统司法与司法传统》，陕西师范大学出版社，2009，第 639 页。

② 四川省档案馆、四川大学历史系编辑的《清代乾嘉道巴县档案选编》（四川大学出版社，1989）第 238、239、241、243、244、248 页均有成例。

③ 〔古罗马〕优士丁尼：《法学总论——法学阶梯》，张企泰译，商务印书馆，1997，第 11 页。

或者采用一者来修改另一者而没有破坏其体系的统一，也没有违背其总的精神。"① 就本质而言，民法是一个民族善良风俗的凝结，善良风俗被法律化就成为民法。

东方的统治阶层也同样意识到"欲治天下必先治习俗"的道理，他们努力地将自己的意志融入当时的风俗之中，以此来改变或影响人们的行为模式，"人主以好恶喜怒变习俗"②。《汉书·地理志》的记载也证明，帝王将自己的意志与百姓的生活习惯有机结合，以强化自己的统治："凡民禀五常之性，而有刚柔缓急，音声不同，系水土之风气，故谓之风；好恶取舍，动静无常，随君上之情欲，故谓之俗。"元朝李果则在《风俗通义》中明确指出，风俗是依照统治阶层的价值取向而逐步被引导利用，"上行下效谓之风，众心安定谓之俗"，符合社会主流价值观要求的风俗被称为良俗，否则即为恶俗。地方性知识性质的良俗在调整民事法律关系中的地位与作用，是社会普遍性规则的法律所无法取代的。"全部法律都是普遍的，然而在某些场合下，只说一些普遍的道理，不能称为正确。就是在那些必须讲普遍真理的地方，也不见得正确……这是因为法律不能适应于一切事务，对于有些事务，是不能绳之以法的。"③ 刚性的法律所无法完成的任务可以依靠风俗习惯来完成。统治者通过认可民间的地方性行为习惯，使风俗具有了法律的效力，"他们的风俗代表他们的法律，而他们的礼仪代表他们的风俗"。④

在传统社会，民法作为规范人们民事行为的法律规范，存在诸多渊源于习俗的规则。

---

① 〔德〕K. 茨威格特、H. 克茨：《比较法总论》，潘汉典等译，法律出版社，2003，第134~135页。

② 《春秋繁露·王道通》。

③ 《亚里士多德全集》卷八，中国人民大学出版社，1992，第96页。

④ 〔法〕孟德斯鸠：《论法的精神》，许明龙译，商务印书馆，2009，第207页。

　　例如，在婚姻家庭领域，许多习俗被视为法律的规则而存在于律典之中。在婚姻缔结过程中，"六礼"作为习俗广为流传，人们认可"父母之命、媒妁之言"的法律规则，更认可婚姻缔结须经"六礼"程序。纳采、问名、纳吉、纳征、请期、亲迎等程序是民间结婚的基本要求，"明媒正娶"的婚姻必须具备上述六个环节，否则就属于"名不正言不顺"。经过此六程序，即使官府因其没有履行登记手续而不认可该婚姻的合法性，但亲朋好友、左邻右舍依旧承认双方的夫妻关系，因为在他们看来履行了六礼程序，就属于明媒正娶，正大光明。喝结婚酒、摆结婚宴似乎就是夫妻关系成立的正式宣告。在传统社会，法律婚与事实婚始终存在着冲突。庙觐被视为出嫁女子正式成为男方家庭成员的必经程序，虽然其只是民间习俗，而非法律规定，但对于家庭关系的调整亦具有约束力。

　　而在遗产继承方面，唐朝虽然规定了遗产继承制度，但如果被继承人属于"户绝"时，其继承尊重当事人的遗嘱。"若亡人在日，自有遗嘱处分，验证分明者，不用此令"①，即允许当事人依照当地的习俗处分自己的遗产，而不适用官府的继承法令。

　　在契约领域，官府对于一些约定俗成的习俗也予以默认。如《唐令拾遗》载，唐朝法律规定，"诸以公私财物出举者，任依私契，官不为理"。"诸以粟麦出举，还为粟麦者，任依私契，官不为理。"② 此"任依私契"即是尊重当事人依照当地风俗习惯而私下所订立合同的效力，官府不受理此类纠纷的案件，实际上是默认了风俗的效力。

　　此外，在民间有烧田的习俗，将秸秆等放在田地里燃烧，所烧成的灰作为肥料留在田地之中。依照《唐律疏议·杂律》规定，

---

　　① 〔日〕仁井田陞：《唐令拾遗》，栗劲等编译，长春出版社，1989，第770页。
　　② 〔日〕仁井田陞：《唐令拾遗》，栗劲等编译，长春出版社，1989，第789~790页。

如果超出规定时间（每年的二月一日以后，十月三十日以前）烧田，或者烧田引发火灾的，给予笞五十的处罚。但是，如果地方的土质在规定时间不适合烧田的，可以依照当地习俗规定的时间烧田，法律认可当地风俗的效力。①

虽然不少习俗被收入律令之中，成为传统社会成文法的组成部分，但由于律令玉条，包罗难尽，大量的习俗并没有演变为成文法，其仍然存续于民间的生活习惯之中。在法理上，习俗或礼俗属于习惯，礼教属于道德，两者都与礼密切相关②。没有收入律令的习俗作为礼的组成部分，其不同于一般依靠社会舆论、内心信念、代表人物的威信维持的习惯，而是仍然具有法律强制力，具有习惯法的性质。如《唐律疏议》"诸不应得为而为之"③ 等规定，就是"律令无条，理不可为者"，如果做了不应该做的事，就应当受到法律的惩处。至于"不应为"所涉范围，时人可以凭借自己所受私塾教育、父辈的教诲及旁人的指导而知晓，但无论如何，其涵盖事项应该较大。故后人总结："中国社会如吾人所见，欲是以道德代宗教，以礼俗代法律。此即是说：在文化比较上，西洋走宗教法律之路，中国走道德礼俗之路。……礼俗之异乎法律者，亦在其慢慢由社会自然演成，而非强加制定于国家。其间精神正是一贯的。中国古人之迥出寻常者，即在其有见于人心之清明正直，而信赖人自己。所谓一贯精神非他，即是倚乎自力，而非西洋之必倚乎他力。"④ 在中国古代司法实践中，虽然司法官吏注重"体问风俗"，但是这并不意味着官方律令与民间规范是截然不同、彼此对立的

---

① 《唐律疏议·杂律》规定："诸失火及非时烧田野者，笞五十。非时，谓二月一日以后，十月三十日以前。若乡土异宜者，依乡法。"
② 叶孝信在《中国民法史》一书中以图表的方式对此加以详细说明。见叶孝信主编《中国民法史》，上海人民出版社，1993，第22页。
③ 《唐律疏议·杂律》"不应得为"条。
④ 梁漱溟：《中国文化要义》，学林出版社，2000，第305页。

两种制度。事实上，在很大范围内，官方律令与民间规范之间互相渗透、彼此关联。例如，康熙九年（1670 年）颁行全国的"上谕十六条"被诸多宗法族规所收录。"虽然官府不以行规、族约以及各地方俗例为'法'，更不会在审判过程中受其拘束而予以严格适用，事实上却常常将其决定建立在民间既存的规约、惯例和约定上面，当这些规约、惯例和约定并非明显与国家法上相应原则相悖时尤其如此。"①

　　总之，儒家主张"义外"，即对家庭之外的人要讲"仁义"，相互之间的交往行为须适宜，要诚信、自愿、合理并符合习俗。此要求成为传统民法建构处理家庭之外民事关系规则的基本原则，传统民法的契约制度、物勒工名制度、担保制度、借贷利息限制制度乃至相关的度量衡制度、货币统一制度、均输制度都是围绕上述基本原则而展开，即为实现儒家"义外"精神而展开。

---

　　①　梁治平：《清代习惯法：社会与国家》，中国政法大学出版社，1996，第 19 页。

第五章　传统民法架构二元性的根源

第一节　家国同构：传统民法架构二元性的政治根源

众所周知，礼法融合是中国传统法律文化的特色。"礼"构成传统中国价值体系的同时，又是治理国家的"纲纪""典章"，并成为生于斯、长于斯的人的日常行为准则。作为规范人们日常交往的行为规则，传统民事法律也难逃礼的约束，国家制定法的大传统与民间日常交易的小传统之间有着同质的精神。尽管在社会演化过程中国家采取了外儒内法的统治策略，但儒家思想的本质与法律价值观并未发生改变。"自西汉至清末的法律价值观是'国家、家族本位'"①，而儒家针对政治国家的忠孝二元理论及针对权利分配的仁义二元理论始终未发生根本改变，儒法合流历史背景下的传统民法二元架构亦沿用不衰。

一　宗法制的家国同构注定中国没有西式民法

中国传统社会的政权结构是"家天下"。中国的文明社会脱胎

---

① 武树臣：《爱国主义与以人为本——"国家·个人本位"法律价值观的现代诠释》，《河北法学》2012 年第 7 期。

于生产力不够发达的原始社会，以家族血缘为纽带的农耕经济占主导是中国奴隶社会乃至封建社会的主要经济特征。与农耕经济相适应，类似家庭管理模式的宗法制在夏朝时期就已建立，国家土地与国家权力被当作私人财产分封给自己的亲属及亲信部属。商朝将国土划分为"内服"与"外服"地区，"内服"地区分别为商王、卿大夫直接控制，属于王畿地区，而"外服"地区则由侯、甸、男、卫、邦伯之类的受封诸侯独立统治。相应的，国家政权也就由王族、子族、卿族、臣族等各级宗族组织所构成，形成了以王族为首的分封制：商王为最高行政长官，是商王朝的大宗主，各类贵族相当于是商王的奴仆，对商王履行忠诚的义务；各类贵族在各自的封地又是大宗主，管理更小的"奴仆"。商王与各地诸侯的关系实则为大宗与小宗的关系，类似于家长与家庭成员的关系。至西周时期，嫡长子继承制度逐渐形成，宗法制更为完善，并由此建构了完整的分封制，形成了由天子、诸侯、卿大夫、士等各级宗主贵族构成的金字塔式的宗法制。各等级之间既是大小宗关系，又是上下级关系，政治国家与血缘家庭合一，用血缘维持政权，用家庭管理模式来管理国家，牧民与父母官的思想或发端于此。在分封制度下，天下是天子一家的天下，天子是一切权力的所有者，政治权力、财物、臣民统归天子，"普天之下，莫非王土；率土之滨，莫非王臣"①。天子像家长一样管理着国家，而各级官僚都是天子的奴仆，其为天子服务，尽臣子的职责，代天子管理各地，天子按照他们的级别与贡献授予权力与一定的财物（如封地、赏赐等）。而民众只是各级官僚的家仆，为宗主尽着自己的义务而无任何权利可言。虽然步入封建社会后，郡县制取代了宗法制，但帝王大权独断、臣子为奴仆的专制政治格局并未改变，家国同构的体系保持至清朝

---

① 《诗经·小雅·北山》。

末期。

专制的政权结构决定了中国古代没有分权观念，亦无现代意义上的民法。在传统社会专制的政治格局下，权力只是给予与被给予，而无分权意识，也不存在权力制约与社会契约理论。天子的一切权力均为上天所赐，属天子独享；官僚的权力皆为天子所赐；民众则无任何政治权力。臣民只能自守其位而不能垂涎天子的权力，即"庶人、工、商，各有分亲，皆有等衰。是以民服事其上，而下无觊觎"。① 否则民众即犯"十恶"之罪，要受到严惩。

在法律构造上，与罗马法从个人主义思想出发、以个人为出发点的思维路径截然相反，家国同构模式下，中国传统民法以国与家为法律的出发点，个人利益附属于国家与家庭利益，私法只是公法的附庸，而不可能为"公法仅仅是其（私法）附庸而已"②。近代西方民法的特征之一为承认抽象的人格平等，即"进步的社会的发展过程就是由身份到契约的过程"③，私法自治的观念开始形成，而"私法自治使私人成为法律关系的主要形成者"④。但宗法制以家国同构的形式影响着封建等级社会的政治模式，并将人作为一个社会主体所具有的社会关系分为家内关系、家外的人际交往关系及国家与个人之间的关系等三层面，并在不同领域适用不同的法律规则。即家内实行家长专制，家国实行君主专制，家外的人际交往包括利益交换行为受制于家国政体；人作为个体，难以脱离家国的束缚，唯有服从与遵从。故中国传统社会没有个人本位，唯有家国的"团体意识"，个人本位的西式民法观念缺乏形成的思想基础和社会基础。

---

① 《左传·桓公二年》。
② 王利明：《民法总则研究》，中国人民大学出版社，2003，第73页。
③ 〔英〕梅因：《古代法》，沈景一译，商务印书馆，1959，第117页。
④ 苏永钦：《走入新世纪的私法自治》，中国政法大学出版社，2002，第3页。

二　家国同构政体决定了传统民法权利分配的二元性

等级制下的家国同构政体决定了中国古代民法人格权利上的"分等"。中国传统社会的等级制以忠孝为核心。忠即为忠于皇权，"虚心以待令而无是非也，故有口不以私言，有目不以私视"①，服从君主之命，"天下之事无大小皆决于上"②，不妄议君主是非，不窥视君王之位。即对君主必须专一，"忠臣不事二主"，崇尚愚忠，"君要臣死，臣不得不死"。君主把持包括臣子个人生命权在内的一切权力，国人唯有安分守己，唯君命是从，或许这就是法家商鞅所主张的"国守安，主操权利"③。"忠"反映于家庭中，即为子女对家长的"孝"。父亲对子女拥有绝对的权威，子女只是父亲的个人财产，子女对父母的惩戒只能"小棰则待笞，大杖则逃"④，"父要子亡，子不得不亡"被认为是天经地义。至于子女的婚姻自主权更无从谈起，"父母之命"是历代婚姻成立的必要条件。

但是，从国家建构层面上而言，"民为贵，社稷次之，君为轻"⑤，民乃国家赖以存在的基础，故在中国传统社会，除面对国家与父母以外，任何人的生命权在任何其他时候必须得到保护。对于擅自剥夺他人生命的行为，无论汉朝的《九章律》还是隋朝的《开皇律》，唐朝的《唐律疏议》乃至宋朝的《宋刑统》、元朝的《元典章》、明朝的《大明律》、清朝的《大清律例》都明确规定给予严惩，且为"常赦所不原"。国家对于民众生命财产的保护、民众在家庭生活层面的等级有序以及不同阶层人们社会地位的等级制，三者之间共同作用，决定了传统社会的民法具有平等性与差等

---

① 《韩非子·有度》。
② 《史记》卷六《秦始皇本纪》。
③ 《商君书·弱民》。
④ （汉）韩婴：《韩诗外传》卷八。
⑤ 《孟子·尽心下》。

性交融的特征。虽然宗法制度随着西周的瓦解逐步在政治层面退出了历史舞台，但其对婚姻家庭以至于对社会的影响十分深远。由于宗法制的影响及等级观念的根深蒂固，中国古代社会的民法不可能如《法国民法典》第 8 条那样明确规定："所有法国人都享有民事权利。"

家国同构政治体制决定了中国古代民法物权制度的"分等"。代表国家的天子拥有天下所有的财产，在财产分配中享有超然地位，专享诸多土地、矿产等稀缺资源的所有权；而臣民虽可在法律允许的范围内拥有动产的所有权及土地的使用权，但从本质上来说，臣民的财产也属于天子，天子在需要时可以"籍没"充公，臣民的财产所有权是相对而非绝对的。一般民众享有的"风能进，雨能进，国王不能进"般的绝对物权在中国古代社会是没有社会基础的。尽管包括白居易在内的古人对于《卖炭翁》中官府的"半匹红绡一丈绫，系向牛头充炭直"[①] 之类的强制行为深恶痛绝，但他们的思想并没有由此而上升到为设立物权而摇旗呐喊的地步，充其量他们也只是同情弱者、主张公平交易而已。在家国同构的政治体系下，由于缺乏严格意义的物权思想，也没有出现类似西方社会中的权利概念，故中国古代不可能产生严格意义的物权制度。

总之，由于"传统中国社会是一个极端的泛政治化社会，一切制度设计及运行均围绕着政治转"[②]，因而在家国同构的政治体制下，体现分权要求的人格权与物权制度不可能产生。基于此考虑，本书将分析的重点放在传统民法的婚姻家庭制度与契约制度之上。

---

① 《白氏长庆集·新乐府》。
② 徐忠明：《经济的法律分析与法律的经济分析——读张中秋〈法律与经济〉随想》，《南京大学学报》（哲学·人文科学·社会科学版）1996 年第 1 期。

第二节 经济模式二元性：传统民法架构 二元性的经济根源

在中国传统社会，社会经济以农耕的自然经济为主、商品交换为辅。农耕为主的自然经济要求维护封建家长制，而商品交换则要求交换者具有独立人格权、财产自主权以及与这两种权利相适应的合同自由权。如此"民法作为反映商品生产和商品交换的客观需要的法律，是交易活动的最基本准则"[1] 这一论点，只是说明今人所称民法与传统民法存在诸多契合之处。传统民法不仅包含现代民法所要求的商品交易所必需的内容，而且包含封建等级的不平等内容。"民法准则只是以法的形式表现了社会的经济社会条件"[2]，而传统民法之所以存在如此矛盾的规则，其根本原因是传统民法建立的基础是自然经济与商品交换并存的二元经济模式。传统社会占主导地位的自然经济决定了传统民法主体内容具有封建的等级性特征，起辅助作用的商品交换则决定了传统民法包含现代民法的平等性内容。总之，传统社会经济的二元模式决定了传统民法规则的二元性。

一 传统社会商品交换具有存在的合理性

学界普遍认为，封建社会建立于自然经济基础之上。自然经济条件下，农耕为主要生产方式，家庭是主要的经济单位，国家对社会的调控主要以家庭为着眼点。但中国传统社会的自然经济与西方封建社会的自然经济有所不同。在马克思、恩格斯、列宁看来，欧洲中世纪

---

① 王利明主编《民法》，中国人民大学出版社，2008，第 5 页。
② 《马克思恩格斯选集》第四卷，人民出版社，1995，第 253 页。

时期的庄园经济和农民自然经济等形式下的经济单位，其产品可以满足本单位生活消费及再生产的需要，不需要从市场上再获得补充和替换。但中国传统社会的封建庄园和小农家庭虽说具有自给的性质，但其并不能完全脱离市场，具有参与商品交换的内外要求。

首先，传统社会的小农具有内在的逐利冲动。重农是传统中国的社会特征和政策导向。在统治者看来，农业是社会的根本，是社会经济的基础，各行各业的衣食来源于农业，"朕观四民之业，士之外农为最贵，凡士工商贾，皆赖食于农，以故农为天下本务，工商皆末也"①。从宏观方面看，农业可分为种植业、养殖业及畜牧业三大类，三大农业领域的产品不同，生产效率不同，农民的收益也存在差异。就种植业而言，农民种植的作物可分为粮食作物、经济作物等类别。种植作物不同，产品也不同，相应的农民收益也不同。国家的抑商政策虽然可以将农民固定在农业上，却难以限制小农种植种类的选择。例如，尽管种植烟草影响粮食生产，但因其获利丰厚，原产于福建地区的烟草至康熙时期已是"处处有之，不独闽矣"②。不仅福建是"烟草之植，耗地十之六七"③，连广西也是"种烟之家十居其半"④，而陕西"城固渭水以北，沃土腴田，尽种烟苗"⑤，以至于乾隆不得不对此主张禁止，"民间种烟一事，废可耕之地，营无益以妨农功，向来原有例禁，且种烟之地多属肥饶，自应通行禁止"⑥，但这仍然无法阻止农民种植烟草的热情。究其原因，在于农民为了维持家庭生活，保证再生产的顺利进行，争取发家致富，往往选择投入小、收益大的农业部门，种植产量

---

① 《清世宗实录》卷五七。
② （清）王士禛：《香祖笔记》卷三。
③ 《皇朝经世文编》卷三六《户政》，郭起元《论闽省务本节用书》。
④ 《清代文字狱档》第五辑《吴英拦舆献策案》。
⑤ 《皇朝经世文编》卷三六《户政》，岳震川《府志食货论》。
⑥ 《大清会典事例》卷一六八《户部·田赋》。

高、收益好的农作物。虽然传统社会的农业生产以维持家庭生活为出发点，但投入产出的经济考量亦是小农生产不可忽视的因素，由此追求经济收益最大化成为传统社会农民生产的内在动因①。

其次，传统社会小农具备参与商品交换的物质条件。中国传统社会曾经出现了诸如文景之治、贞观之治和康乾盛世之类的繁荣时期，在这些农业经济比较发达的盛世时期，农户农产品的剩余是难以避免的，如文景之治时期，长期的休养生息政策导致社会财富急剧增长，"国家无事，非遇水旱之灾，民则人给家足"。② 即便不在盛世，农户产品的剩余亦不可避免，自然经济 "并不意味着农民的劳动生产物在维持简单再生产和全家生活消费之后就不可能有剩余了"。③ 此外，中国地域辽阔，经度与纬度跨度较大，南北物种区域分布不均衡，形成了各具特色的农业生产，温暖湿润的南部地区盛产水稻与水果，干冷少雨的北部地区广种小麦棉花，山高林密的西部输出林木与矿产，水网密布的东部成为鱼米之乡，农产品的地域差异，为农产品交换提供了可能性。

再次，传统社会小农生活需求的多样性决定了小农须参与商品交换。对一般农户而言，生活必需品基本可以概括为 "开门七件事，柴米油盐酱醋茶"，其中既有 "柴米茶" 之类的农产品，

---

① 例如在植棉问题上，尽管植棉被规定为 "若（田）在一顷以上，只许种棉一半，其余一半，改种水稻"（参见《皇朝经世文编补》卷三七），但这无法阻止农民逐利的行为。追求利益最大化而种植经济作物的案例很多，如原限于北方的棉花种植遍及全国各地，江苏、浙江、湖北、河南、河北、山东等地棉花种植十分普及，江苏松江、太仓、通州地区 "每村庄知务本种稻者不过十分之二三，图利种棉者则有十分之七八"（参见《皇清名臣奏议》卷六一《奏请海疆禾棉兼种疏》）；直隶宁津 "种棉者几半县"（参见光绪《畿辅通志》卷七四《物产》二，引《河间府志》）；"保定以南，以前凡有好地者多种麦，今则种棉花"〔（清）黄可润：《畿辅见闻录》〕。此外甘蔗种植在番禺、东莞、增城、阳春各县亦十分盛行，"蔗田几与禾田等矣"〔参见（清）李调元《南越笔记》卷一四〕；桑麻种植发展更大，浙江海盐 "桑柘满野"，"墙隙田旁" 无不种植（参见道光《嘉兴府志》卷一一《食货志·农桑》）。

② 《史记》卷三〇《平准书》。

③ 林甘泉：《秦汉的自然经济与商品经济》，《中国经济史研究》1997 年第 1 期。

也有"油盐酱醋"之类的需要手工加工的产品。在以家庭为生产单位的小农生产模式下，由于传统社会的小农经济规模比较小，家庭完全实现自给自足并不可能，故铁器之类的农具以及国家控制的食盐等生活必需品需要通过商品交换来获取，"此六者，非编户齐民所能家作，必仰于市，虽贵数倍，不得不买"①。农户通过"赶集"，在"庙会"②之类的农村定期集市上出售自己的产品、购买所需产品，以维持家庭的正常运转。这或许是农村集市在严格的"重农抑商"政策下能够得以生存的原因，也是自然经济条件下的传统中国存在商品交换的根本原因。

最后，交易集市的遍布为自然经济下的产品交换提供了平台。在中国传统社会，随着生产的发展与人口的增长，交易逐渐频繁，市镇逐渐形成，"日中为市，致天下之民，聚天下之货交易而退，各得其所"③。诚如费孝通先生所言，市镇是收集周围村子土产品的中心，又是分配外地城市工业品下乡的中心，每个贸易区域的中心是一个镇，城镇人口主要从事非农业工作。"镇是农民与外界进行交换的中心。农民从城镇的中间商人那里购买工业品并向那里的收购的行家出售他们的产品。"④根据经济学的观点，市场的密集，是商品交换发展的必然结果，反映了人们交易的频繁和商品流通规模的扩大，"亦说明了农民日常生活对市场的依赖程度"⑤。据考证，中国传统社会的市镇不断增长，

---

① 《汉书》卷二四《食货志》。
② "庙会，亦称'庙市'，中国的市集形式之一，唐代已存在。在寺庙节日或规定日期举行，一般设在寺庙内或其附近，故称'庙会'……这一历史上遗留下来的市集形式，解放后在有些地区仍被利用，对交流城乡物资，满足人民需要，有一定的作用。"（参见辞海编辑委员会编《辞海》，上海辞书出版社，1979，第852页）。
③ 《周易·系辞下》。
④ 费孝通：《江村经济》，商务印书馆，2007，第218页。
⑤ 王笛：《跨出封闭的世界——长江上游区域社会研究（1644～1911）》，中华书局，1993，第247页。

农民参与市场交易日益频繁，广大的农村基层市场与农民直接的关系日益密切。如"明代及清前期，全国市镇密度约为 1000 平方公里拥有 5 个市镇，到晚清时期增长为 8 个"；①明代与清朝前期，市镇密度最高的地区是江浙地区及山东、广东、安徽等省份，其自然经济的商品化程度更高②。密布的市镇无形之中将自耕农纳入商品生产的环节，自给自足的农业生产无形中开始服务于社会大市场的需要，于是农户的独立生产与市场交换形成了有机结合。

此外，商人的存在为农户参与市场交易提供了便利。尽管传统社会以"无奸不商"来评价商人，但是商人因社会交易的需要而一直存在。活跃于遍布的市镇乡村之间的商人，将不同区域的物产与不同行业的产品输送于全国各地，并由此形成了诸多商帮，"走西口"式的边关贸易与"贩夫走卒"式的兜售等为"废著鬻财于曹、鲁之间"③ 的商人寻得了商机，方便了作为上游生产者的小农，使其顺利成为市场交易的一环。

有学者批评研究中国社会的人类学著作将注意力集中于村庄而忽视农村市镇的做法，认为除了很少的例外，著作的研究都歪曲了农村社会结构的实际。在笔者看来，"如果可以说农民是生活在一个自给自足的社会中，那么这个社会不是村庄而是基层市场社区"④ 的结论似乎更科学，传统中国的自然经济应当与商品交换是并存的，只不过传统社会的商品交换是从属于自然经济，而非与自然经济相颉颃。

---

① 陈锋主编《明清以来长江流域社会发展史论》，武汉大学出版社，2006，第 205 页。
② 据王笛考证，晚清时期江苏的市镇密度更是达到每 1000 平方公里 14 个市镇，边远的四川也达到 12 个 [参见王笛《跨出封闭的世界——长江上游区域社会研究（1644—1911）》，中华书局，1993，第 247 页]。
③ 《史记》卷一二九《货殖列传》。
④ 〔美〕施坚雅主编《中华帝国晚期的城市》，叶光庭等译，中华书局，2000，第313～314 页。

二　经济二元性决定传统民法架构的二元性

既然传统社会的中国并存着两种经济形态——部分的自给自足和部分的商品交换，那么在其法律体系中也必然存在着两种不同性质的民事法律规则，即传统民法呈现出架构的二元性。

在自然经济条件下，家长制是小农生产方式的必然选择。自然经济以农耕为主要生产方式，农耕生产需要统一的安排，而农耕知识掌握在家长手中，家长主导着家庭生产，家庭成员须服从家长统一的生产安排，家长在生产中的权威得以确立。由于农耕以畜力为主要动力，成年男子成为家庭的主要劳动力，家庭收入主要依赖成年男子的耕作，故家长掌握了家庭经济的分配权，家庭成员没有财产支配权，诸如"别籍异财"等行为因其破坏了父母的财产垄断权，理应受到法律的制裁。如果"父要子亡"，则子女因没有独立的财产而"不得不亡"。因为没有独立的生活资料，所以子女只有唯父母之命是从，在婚姻大事也只能遵从"父母之命"，而女儿更是要"在家从父"。因生理方面的局限，女子在家庭生活中只能担当对体力要求相对较轻的辅助性工作，如纺织、安排生活起居之类，"男耕女织成为封建自然经济的特色"①。女子的工作是属于辅助性的，这决定了其须依靠丈夫生存，"嫁汉嫁汉，穿衣吃饭"，在家庭生活中只能从属于丈夫，即"出嫁从夫"。由于妻子必须依赖丈夫生活，所以丈夫就掌握了以"七出"为由惩罚妻子的方式——"休妻"，而妻子也只能依靠体现礼教要求的"三不去"进行抗争。如果丈夫去世，女性只能依靠成年儿子，即"夫亡从子"。总之，小农生产方式决定了传统社会家庭内部权利义务分配的不平等，家长制形态下的差等性是其基本特征。当然，依此权利

---

① 林甘泉：《秦汉的自然经济与商品经济》，《中国经济史研究》1997 年第 1 期。

义务配置方式，"百亩之田，勿夺其时，八口之家可以无饥矣"①，乡土社会的家庭伦理在宁静和谐中延续着。

如前所述，小农完成生产后，须将部分产品拿至市镇参与交易以换取农户生活所需的其他产品，而市镇的产品交易属于商品交换，商品交易须遵循商品交换的要求，其中平等性是自然经济条件下商品交换的前提条件。虽然家长在家庭中具有主导地位，具有绝对权威，但市镇上进行的产品交易活动须遵循商品交换的基本准则。首先，交易活动必须在市场地位平等的基础上展开，遵循自由协商、交易自愿的原则而非家长制式强制，强买强卖行为在市场上难以通行，正所谓"强扭的瓜不甜"；其次，商品的交易价格须围绕价值上下波动而不能过分背离，否则即属于不合理；再次，交易双方须恪守诚信原则，诚实履行约定义务，担保产品不存在权属上及品质上的瑕疵，坑蒙拐骗的主体在市镇中无处立足；最后，产品的计量与计价须符合当时公众认可的标准，不能从中牟取暴利，损害公平交易。在熟人社会的传统中国，当参与市场活动的农户违背这些商品交易规则的要求时，或许会因其背信弃义而受到舆论的谴责，并在当地因"臭名昭著"而难以立足。

由于部分的自给自足与部分的商品交换并存于传统社会，身份等级规则与交易平等规则两种不同性质的民事规则并存于传统民法，导致传统民法从渊源到立法思想以及基本规则都呈现出二元性的特征。当然，儒学"仁内义外"的思想对于传统民法架构二元性的影响同样巨大，由于前文对此已做阐释，此不赘述。总之，传统民法架构的二元性是传统社会政治、经济、思想等诸多方面共同作用的结果。

---

① 《孟子·梁惠王上》。

第六章 传统民法架构二元性的影响

第一节 传统民法架构二元性对传统社会民事主体的影响

一 民事主体"名分"优先的法律观念

传统民法在家庭内实行差等原则,在家庭之外实行平等原则,故民事主体的民事权利具有双重性。其在具体民事关系中的权利与义务取决于其身份与地位,即"名";其民事行为的有效与否亦取决于其身份地位,"名不正则言不顺"。

在家庭领域,家庭成员的民事权利依其"名分"——身份地位而有所不同。家长专有家庭共有财产的处分权,故家庭之间的民事交易行为须由家长进行或由家长授权;其他家庭成员在没有家长授权的情况下,擅自处分家庭财产的行为,将会因"名不正"被视为无效。家长专有子女婚姻决定权,子女的婚姻须由父母决定,子女须遵从"父母之命",不能私定终身;即使远离父母而无法请示,子女也须在结婚后,及时告知父母或得到父母的追认。若子女私定终身而没有获得父母的允许,则其行为将被视为"私奔",所生子女没有"名分",不能成为男方家庭成员,不得入"家谱"或"族谱"。即使同为子女,相互之间因名分不同,权利义务亦不同，所谓"兄友弟悌"是也。在父母去世或父母不在身边的情况下，兄长对弟妹享有家长般的管教权利；"长兄如父"，兄长可以决定弟妹的婚姻大事，可以主持弟妹的婚礼，也可以处置家庭财产。

从名分角度而言，奴婢、部曲等贱民属于家庭财产的组成部分，"奴婢、部曲，身系于主"①。虽然自南宋起他们对主人的依附关系有所松动，但他们在主人家庭中依旧没有任何法律地位。这一类人既不能与主人通婚，即"良贱不婚"，也不能与主人进行交易活动。主人与奴婢通婚，或相互间买卖，都属于"名不正言不顺"的行为，传统民法不认可其效力。即使主人对贱民"开豁贱籍"，也只是主人对贱民的施舍，而不是交易。

在家庭之外的民事领域，名分决定民事主体行为的法律效力。传统社会将社会成员划分为士农工商等良民和奴婢、部曲、惰民等贱民，虽然良民与贱民享有的民事权利存在诸多差异，但是奴婢、部曲等贱民在家庭之外的民事领域，与良人等享有同等的主体资格。在买卖关系中，贱民享有与良民同等的交易资格，贱民可以自己个人所有的财产与良民等开展交易活动，不仅官府、士绅等不能凭借自己的优势地位而强制买卖；而且，即使是贱民的主人，也不可凭借自己的优势地位侵夺奴婢、部曲个人所有的合法财产。即交易中良贱民法律地位平等。

此时，民事主体关注的"名分"在于交易主体是否享有相应的处分权。与现代民法强调民事主体的年龄不同，在传统社会，人们关注的是交易主体本身对标的物是否拥有所有权或处分权，只要具有处分权或所有权，或获得所有权人的授权，则属于"名

---

① 《唐律疏议·贼盗》。

正"，该处分行为就具有相应的法律效力。如果没有获得所有权人允许，则任何人不得侵夺他人的财产，否则构成"盗"或"夺"等犯罪。由此可见，民事主体的年龄在传统民法中的作用与现代民法所强调的不一致，其不是民事行为效力的认定标准。传统民法之下，儿童在民事活动中享有与成年人同等的民事权利，也具有相应的民事行为能力。"童叟无欺"的诚信招牌说明未成年人具有交易资格。在传统社会，人们关注的是民事主体是否具有相应的权能或资格，而不是民事主体的年龄①，关注的是结果的公正而非过程的公正。困扰现代民法的十周岁以下未成年人行为能力问题，在传统民法中就不是需要考虑的问题。因为传统民法只要求民事主体"名正言顺"，拥有处分权，只注重民事活动结果的合理、公平。

传统民法实行平等性与差等性原则并用的规则，民事主体在不同的民事法律关系中，其民事权利与义务是不一致的。民事主体的民事行为必须符合自己的身份，其行为的效力才能得到保证。"名正言顺"与"恰如其分"或许是讲究"等级名分"的传统社会在民法领域的要求，而差等性与平等性皆可以"名分"一言以蔽之。

二　民事主体的双面人格

传统民法在家②外实行平等性原则，而在家内实行差等性原

---

① 虽然不少学者参照现代民法规定，将纳税年龄视为传统民法中当事人民事行为能力的起始时间，但笔者认为此观点值得商榷，因为传统民法对儿童的交易行为（重大财产除外）并无明确限制。

② 滋贺秀三认为中国语所提到的家，可以说是意味着共同保持家系或家计的人们的观念性或现实性的集团，或者是意味着支撑这个集团生活的财产总体的用语。参见〔日〕滋贺秀三《中国家族法原理》，张建国、李力译，法律出版社，2003，第42页。

则，民事主体在不同民事领域的权利与义务截然不同，其法律资格呈现出双面性。

在家外，民事主体之间法律地位平等，权利义务也要求平等，彼此须以礼相待。在民事活动中，民事主体间不因其社会地位的差异而有所不同，彼此须秉承自愿原则，在诚信基础上交往，以诚待之，而法律则保护各自的合理利益。无论是豪强抑或布衣百姓，士绅抑或奴婢、部曲，也不论其是父祖抑或子女，任何一方都不得利用自己的优势地位，强迫对方违背自己的意愿、做出不利于自身利益的决定。在家外的民事交往过程中，所有民事主体的法律地位是平等的，诚信、自愿、合理的行为展现的是民事主体谦谦君子的形象。

在家内，民事主体之间的法律地位是不平等的。父祖在家庭中的地位如帝王，作为家长，其控制着家庭财产的所有权，掌握着夫妻之间的离婚权，把握着子女的婚姻权与惩戒权，也决定着奴婢、部曲的命运。作为"当家的"，其决定家庭的生产与经营活动，代表家庭对外开展民事活动，拥有"一家之主"的权威。而子女在家庭内只有唯唯诺诺，唯父命是从，毫无自己的独立意志；妻子也只有恪守"三从四德"，遵循妇道，唯丈夫之命是从。至于奴婢、部曲等更无地位可言，可以被当作家庭财产而转让。家庭的一切权利属于父祖，"严父慈母""夫义妇顺"是传统社会对于男女在家庭中的角色定位，也是传统民法赋予父族专制权的必然结果。

传统民法的差等性规则决定了父祖在家庭事务中的专制；传统民法的平等性规则决定了父祖在家庭外进行民事活动时须遵循自愿原则，以礼待人，诚实守信。如此，传统社会的民事主体呈现出法律资格的双面性，即一方面是平等民事主体，一方面是专断的民事主体，是封建性与民主性的综合形象。

第二节　传统民法二元性对传统社会
司法人员的影响

　　在传统社会中，官府衙门的司法官员审理民事案件的依据也是学界争论的焦点。部分学者认为传统社会的司法官员采取"情判"①，即在认定案件事实的基础上，依据情来作出判决，其代表人物为滋贺秀三。他认为明清时期的司法官员在民事审判过程中是以情理作为解决纠纷的基本依据②。另有学者认为传统社会的司法官员一般而言采取依法判决的方式，黄宗智是其中的代表人物。他认为司法官员基本上是以法律作为依据进行判案，情理只具有衡平的作用③。在笔者看来，无论传统社会的司法官员是依情理解决纠纷，还是以法律作为民事审判的主要依据，其本质都是司法官员依礼判处，是情理法的结合。

　　首先，司法官员依法处理民事纠纷实际就是依礼处理案件。如前所述，"礼是法律的本原"④，经由礼法合流，礼的精神被融入法律，传统民法中的成文法部分与儒家的礼具有一致性。一方面，礼要求人们在家庭之外的民事活动中温文尔雅，相互尊重，恪守忠恕之道；传统民法则要求民事主体在家外民事活动中坚持自愿、诚信、公平、合理等原则。另一方面，礼要求人们在家庭内恪守差等秩序，安守本分；传统民法则对违背孝道与妇道的民事行为进行打

---

① 刘军平：《中国传统诉讼之"情判"试探》，载陈金全、汪世荣主编《中国传统司法与司法传统》，陕西师范大学出版社，2009，第69页。
② 〔日〕滋贺秀三：《清代诉讼制度之民事法源的概括性考察——情、理、法》，范愉译，载梁治平、王亚新主编《明清时期的民事审判与民间契约》，法律出版社，1998，第19~53页。
③ 〔美〕黄宗智：《民事审判与民间调解：清代的表达与实践》，中国社会科学出版社，1998。
④ 武树臣：《中国传统法律文化的价值基础》，《法律科学》1994年第2期。

击，维护家长的权威。关于于此问题，具体内容前已展开，此处不再赘述。

其次，司法官员依情理处理民事纠纷就是依法判处。传统民法是世俗观念的法律化，就是人情观念的法律化。在古人看来，"法律仅仅是情理海洋之冰上一角"①，法律的本意与人情没有区别，"法意、人情，实同一体"②，"法者，缘人情而制"③，违反了法律即为违反了"人情"。由于道德是人情的主要内容，所以违反了法律就是违反了道德，就是对社会主流的价值取向即统治者道德的违背。

西汉确立儒家思想的独尊地位后，仁义礼智信等思想观念借助科举选拔、私塾传授等途径，逐步成为社会公德。明朝通过申明亭教化，公德被社会所进一步认同，久之成为公众的价值取向，并以家长传承、家规族规约束等方式影响后世。而特定的价值观逐渐地域化，借助特定的行为方式加以表现，逐步演变为区域性的统一行为模式，即风俗习惯。在人际交往过程中，若民事主体遵从公共道德，遵循特定的风俗习惯就会被时人视为人情练达、通晓世故，否则会因不晓人情世故而受到指责。由于风俗习惯是社会公共道德的承载体，是社会对人的品行的评判标准，故乡土社会中的人们十分注重对儒家道德、风俗习惯的了解与学习，"常民溺于习俗"④，并且自觉遵从风俗习惯、道德准则，以便在当地立足。

传统社会的司法官员，在"以吏为师"的时代，不仅是统治

---

① 〔日〕滋贺秀三：《清代诉讼制度之民事法源的概括性考察——情、理、法》，范愉译，载王亚新、梁治平主编《明清时期的民事审判与民间契约》，法律出版社，1998，第36页。

② （宋）胡石壁：《典买田业合照当来交易或见钱或钱会中半收赎》，载中国社会科学院历史研究所宋辽金元史研究室点校《名公书判清明集》，中华书局，1987，第215页。

③ （汉）桓宽：《盐铁论·刑德》。

④ 《战国策·赵策》。

者的组成部分，也是践行儒家道德的表率，其行为须遵循社会的公共道德。民事纠纷纷繁复杂而法律没有具体规定的情况下，司法官员依儒家经典体现之"人情世故"的原则处理民事纠纷，既是其内心确信的结果，也是平息社会矛盾的需要，更是其教化当地民众的形式。人之常情与礼同源，"故圣人所以治人七情，修十义，讲信修睦，尚辞让，去争夺，舍礼何以治之"①。由于"人情"——道德，与成文形式的传统民法在内容上具有一致性，都以"礼"为核心，依据道德解决纠纷，既符合法律的精神，也能为社会公众接受，更能强化其教化的功效；故传统社会的司法官员依人情处理民事纠纷，就是以礼处理民事纠纷，也就是依法处理民事纠纷。

最后，在情理法出现矛盾时，曲法而依情理是司法官员维护礼的需要。如果适用成文法的判决将违背世人道德观念与是非观念——礼时，传统社会的司法官员唯有弃成文法的律令格式于不顾，而选择适用非成文法——儒家经典、风俗习惯乃至判例。因为如果司法官员根据既有的成文法做出的判决，无助于纠纷的解决，难以实现社会和谐与家庭秩序的稳定，也就难以达到真正意义上的公平与公正。作为在儒学的教养下成长起来的司法官员，"他们的思维方式和价值观念深受儒家经典的影响"②。如果依法而违背礼做出判决，"实质性思维"将会使得他们难以接受有悖常理的判决，自我的道德负罪感会比较沉重。从实现社会稳定角度而言，"司法不可能一味是被动、保守的，适度的能动与开放是不可避免的，这意味着法官行使自由裁量权是法律适用过程中必然存在的现象"③。在适用法律将有悖社会基本价值观念时，传统司法官员置

---

① 《礼记·礼运》。
② 林乾：《传统中国法的"人道"意涵——以清代"犯罪存留养亲"为中心的考察》，载陈金全、汪世荣主编《中国传统司法与司法传统》，陕西师范大学出版社，2009，第64页。
③ 张晓萍：《论民间法的司法运用》，中国政法大学出版社，2010，第32页。

法律于不顾而选择适用情理，其谋求的是公众认同的公正公平。当然，他们"行使自由裁量权从来都不是绝对的自由"①，其结果必须符合时人对于公正与公平的评价标准——礼。或许，变法抑或曲法都是为了更好地"护法"——维护法的精神"礼"的权威。

此外，在传统社会，民事生活丰富多彩，婚姻、田土、钱债等"琐事细故"不可能被成文民法全部涵盖，国家制定法不可能以一种全面、详尽的规范体系领所有民事司法事务，而社会群体之间的矛盾与冲突却无处不在。因此，传统社会的司法官员适用儒家经典、风俗习惯等非成文法规则审理案件，既是成文法规定缺位情况下的无奈之举，亦是化解社会矛盾、维护地方治安的职责所系。

总之，户婚纠纷在中国传统社会的法律制度设计上是"细故"，对之州县官可以自理。此类案件的处断，州县官享有较大的自由发挥空间，可以因个人智慧、情感、技巧而进行个性化审理。而传统民法渊源的二元性，为传统社会司法官员自由处理民事纠纷提供了更多的准据选择。司法官员在审理民事案件时，或严格适用法律，或酌情变通适用法律，或以礼剖讼，或依习惯断案，或兼顾法律与礼俗判案，或凭均衡感觉判决，依据不一，但判决结果须合乎"礼"的要求始终是其进行选择的最终目的。

即便是今天，法官在审理案件时，如果依据法律所做的判决将违背常理和社会公共道德，他也不得不弃法律规定而选择适用法的基本原则②。"让情理发挥作用，也是让民情进入司法，这与传统中国一贯奉行民本的政治理想有关。"③

---

① Roscoe Pound, "Individualization of Justice", *Fordham Law Review* (1938)：160.
② 全国首例第三者状告原配妻子的案件，重庆市中级人民法院即是如此判决的。
③ 徐忠明：《清代中国司法裁判的形式化与实质化——以〈病榻梦痕录〉所载案件为中心的考察》，《政法论坛》2007 年第 2 期。

第三节　传统民法渊源二元性对我国建设
法治社会的启发

虽然今日社会已突破自然经济的束缚，现代性已经取代传统性，熟人社会被流动社会所取代，但民众之间仍然充斥着民事权益冲突，甚至更为激烈。当人们期盼"依法治国"的时候，传统民法架构的二元性或许能对今人启发良多。

首先，传统民法架构的二元性证明民法规则须合理"分区"。

依据传统民法架构二元性的理论，民法所调整的社会关系范围可以划分为家庭之内与家庭之外两个领域。一方面，家庭之外的民事关系涉及他人利益，民法规则的构建须遵循商品交换的基本要求和人际交往的基本伦理准则，在坚持诚信、平等、自愿等原则的基础上，注重合理性规则的建设，着眼民事主体之间权利义务分配的平衡，强化对暴利等不合理情况的约束，解决垄断企业、垄断行业的超额利润问题。另一方面，家庭之内民事权利义务分配的规则，须注重伦理性。法律规则的设计不应过度关注利益的平衡，而应当关注家庭的养老职能、育幼职能与夫妻间扶助职能的发挥，更多地吸收传统伦理道德的合理内核；特别是不能将调整家庭之外法律关系的规则简单地适用于家庭之内，更不能将婚姻家庭关系利益化。

其次，传统民法架构的二元性说明法院"依法判决"须有度。

从法律建构角度而言，完全做到"有法可依、依法判决"是无法实现的。因为就法律的涵盖范围而言，任何民法都不可能涵盖民事生活的全部，其只能调整比较重要的民事关系，更何况民事纠纷日益呈现多样性特征。虽然大家对此都有认识，并不断加快立法速度，但做到民事纠纷的处理"皆有法式"始终是个美好的愿望。在民法法律规则涵盖面有限的情况下，由于准据的缺失，要求法官做到对所有民事案件"依法判决"是不可能的。

从法律的调控能力而言，家庭属于民法的特别领域，在家庭中，人与人之间的关系非法律所能完全调整。民法只能调整规范夫妻之间权利义务分配的原则，而无法具体规定夫妻在家庭事务的主导、家庭义务的承担等方面的具体行为；同时，民法也只能规定父母子女之间的权利义务，而无法具体规定父母子女之间权利义务的履行，如抚育子女、赡养老人的标准以及照顾老人、教育子女的方式方法。尤其是，民法更无法解决夫妻之间、父母子女之间的感情问题。因此，我们应当汲取传统民法架构二元性的合理因素，发挥道德、风俗等非成文法对婚姻家庭关系的调整功能。尤其是在处理婚姻家庭矛盾时，我们应避免简单地依法判决，而是须将成文法与道德、风俗等非成文法有机结合，合情合理地解决家庭纠纷，从根本上实现家庭的安宁。当然，在处理家庭之外的民事纠纷时，"为了使利益得到正当的衡平，法官必须仔细考量占支配地位的道德情感"①，力求依法判决的结果与社会道德要求相一致。由上可知，我们应该借鉴古代司法官员依"礼"判处的经验，在深入探究法律本意的基础上，尊重法官的自由裁量权，鼓励法官合理协调道德情理与民法规则的关系，以求实现审判结果的合情合理合法。

总之，传统民法架构二元性要求民法合理区分效力领域，合理追求法律规则的成文化，正确理解在私法领域法深则无善治的道理。同时，传统民法架构的二元性亦要求我们把握法律只是道德底线的属性，注重道德、风俗等非成文民法的作用，鼓励法官在坚持依法判决的基础上，综合运用多种手段解决民事纠纷，努力做到法院的审判结果符合新时代的情理要求。

---

① 〔美〕E. 博登海默：《法理学：法律哲学与法律方法》，邓正来译，中国政法大学出版社，2004，第144～145页。

结　语

当世人将中华法系列为世界五大法系的时候，我们应为中华文明曾经拥有的"一准乎礼"的法制传统而自豪；当有人比照西方近现代法制贬损中国法制传统，认为"中国自古没有民法"时，我们应当探寻中华法系的真相。或许我们今日探究得出的传统民法特征，就是明日中国民法典的精神家园。

本书从传统社会法律"一准乎礼"的立法传统出发，分解传统民法秉承礼之"仁内义外"思想的架构二元性，探究传统社会"内外有别"的法律思维之渊源。首先，就法律渊源而言，传统民法将成文法的律令格式与非成文法的风俗习惯、儒家经典等有机结合，在婚姻家庭、田土民宅、契约买卖等领域，坚持私法的意思自治原则，以成文法来标举根本性的民事规则的同时，将大量领域交由风俗习惯来规范。传统社会注重伦理道德的建设，为民法的调控提供了坚实的社会基础。其次，就法律结构而言，传统民法在家庭之外以平等为基础性原则，遵循"己所不欲，勿施于人"的精神，坚持自愿、诚信、合理等原则，保证交换过程中民事主体的自主性；在家庭之内以差等为基础性原则，遵循"百善孝为先"的精神，坚持孝道与妇道原则，保证家庭生活中的伦理规则，维护家庭的团结与稳定。最后，从制度展开而言，传统民法的契约制度、担保制度、物勒工名制度、度量衡统一制度始终围绕诚信原则而展开，而禁止欺行霸市、强买强卖则是围绕自愿原则展开，一本一利制度则是依照合理原则而展开。传统民法架构的二元性，统一于礼，而付诸天理国法人情统一的司法实践中。传统司法官员在坚持礼之精神的前提下，享有选择适用传统民法各种法律渊源的权利，以维护社会秩序。

在本书中，笔者试图将法律思想史与法制史研究成果有机结合，勾勒传统民法精神与制度的二元架构，以此提示现代民法典的制定者，须合理挖掘传统民法架构二元性的合理内核，尊重中国社会自身固有的文化传统，建构具有中国精神的现代民法典。唯有如此，中国未来诞生的民法典方可立足于世界民法之林。与此同时，我们也须对依法治国与依法判决的理念做更深的理解，清晰地认识到依法治国要有度，依法判决要灵活，从本质上实现社会和谐的目标。

当然，作为一部将传统法律思想与传统民事法律制度相结合的论著，其中必然存在诸多不足，笔者将继续努力，也恳请学界同人多加批评指导。

参考文献

（一）著作

1. 杨鸿烈：《中国法律发达史》，中国政法大学出版社，2009。

2. 杨鸿烈：《中国法律思想史》，中国政法大学出版社，2004。

3. 陈顾远：《中国法制史概要》，商务印书馆，2011。

4. 费孝通：《乡土中国　生育制度》，北京大学出版社，1998。

5. 瞿同祖：《瞿同祖法学论著集》，中国政法大学出版社，2004。

6. 瞿同祖：《中国法律与中国社会》，中华书局，2010。

7. 张晋藩：《中国民法通史》，福建人民出版社，2003。

8. 张晋藩：《清代民法综论》，中国政法大学出版社，1998。

9. 叶孝信主编《中国民法史》，上海人民出版社，1993。

10. 孔庆明等编著《中国民法史》，吉林人民出版社，1996。

11. 李志敏：《中国古代民法》，法律出版社，1988。

12. 刘云生：《中国古代契约法》，西南师范大学出版社，2000。

13. 岳纯之：《唐代民事法律制度论稿》，人民出版社，2006。

14. 金眉：《唐代婚姻家庭继承法研究：兼与西方法比较》，中国政法大学出版社，2009。

15. 高楠：《宋代民间财产纠纷与诉讼问题研究》，云南大学出版社，2009。

16. 郭东旭等：《宋代民间法律生活研究》，人民出版社，2012。

17. 胡兴东：《元代民事法律制度研究》，中国社会科学出版社，2007。

18. 阿风：《明清时代妇女的地位与权利》，社会科学文献出版社，2009。

19. 童光政：《明代民事判牍研究》，海南出版社，2008。

20. 梁治平：《清代习惯法：社会与国家》，中国政法大学出版社，1996。

21. 徐忠明：《情感、循吏与明清时期司法实践》，上海三联书店，2009。

22. 吴向红：《典之风俗与典之法律》，法律出版社，2009。

23. 四川省档案馆、四川大学历史系主编《清代乾嘉道巴县档案选编》下册，四川大学出版社，1996。

24. 孙兆霞等编《吉昌契约文书汇编》，社会科学文献出版社，2010。

25. 范忠信、郑定、詹学农：《情理法与中国人》，北京大学出版社，2011。

26. 高其才：《中国习惯法论》，中国法制出版社，2008。

27. 朱勇主编《中国民法近代化研究》，中国政法大学出版社，2006。

28. 俞江：《近代中国民法学中的私权理论》北京大学出版社，2003。

29. 张生：《中国近代民法法典化研究：一九〇一至一九四九》，中国政法大学出版社，2004。

30. 胡兴东、李杰、黄涛编著《判例法的两面：中国古代判例选编》，云南大学出版社，2010。

31. 马小红：《礼与法：法的历史连接——构建与解析中国传统

法》，北京大学出版社，2004。

32. 马小红、姜晓敏：《中国法律思想史》，中国人民大学出版社，2010。

33. 张洪涛：《使法治运转起来——大历史视野中习惯的制度命运研究》，法律出版社，2010。

34. 郑显文：《律令时代中国的法律与社会》，知识产权出版社，2007。

35. 苏力：《法治及其本土资源》，中国政法大学出版社，2004。

36. 武树臣：《中国法律文化大写意》，北京大学出版社，2011。

37. 张晓萍：《论民间法的司法运用》，中国政法大学出版社，2010。

38. 赵万一主编《公序良俗问题的民法解读》，法律出版社，2007。

39. 赵万一：《民法的伦理分析》，法律出版社，2012。

40. 徐国栋：《民法基本原则解释：成文法局限性之克服》，中国政法大学出版社，2001。

41. 龙卫球：《民法总论》，中国法制出版社，2002。

42. 董安生：《民事法律行为》，中国人民大学出版社，2002。

43. 王泽鉴：《民法概要》，北京大学出版社，2011。

44. 韩世远：《合同法总论》，法律出版社，2008。

45. 钱大群：《唐律疏议新注》，南京师范大学出版社，2007。

46. 谢晖：《大、小传统的沟通理性》，中国政法大学出版社，2011。

47. 徐国栋：《优士丁尼〈法学阶梯〉评注》，北京大学出版社，2011。

48. 〔美〕黄宗智：《法典、习俗与司法实践：清代与民国的比较》，上海书店出版社，2003。

49. 〔美〕黄宗智：《清代的法律、社会与文化：民法的表达与实践》，上海书店出版社，2007。

50. 〔美〕黄宗智：《过去和现在：中国民事法律实践的探索》，法律出版社，2009。

51. 〔美〕劳伦斯·索伦：《法理词汇——法学院学生的工具箱》，王凌皞译，中国政法大学出版社，2010。

52. 〔美〕马伯良：《宋代的法律与秩序》，杨昂、胡雯姬译，中国政法大学出版社，2010。

53. 〔日〕滋贺秀三：《中国家族法原理》，张建国、李力译，法律出版社，2003。

54. 〔日〕中岛乐章：《明代乡村纠纷与秩序：以徽州文书为中心》，郭万平、高飞译，江苏人民出版社，2010。

55. 〔德〕卡尔·拉伦茨：《德国民法通论》，王晓晔等译，法律出版社，2003。

56. 〔德〕迪特尔·梅迪库斯：《德国债法总论》，杜景林、卢谌译，法律出版社，2004。

57. 〔英〕梅因：《古代法》，沈景一译，商务印书馆，1996。

58. 〔澳〕迈克尔·R. 达顿：《中国的规制与惩罚：从父权本位到人民本位》，郝方昉、崔洁译，清华大学出版社，2009。

（二）论文

1. 李祝环：《中国传统民事契约中的中人现象》，《法学研究》1997年第6期。

2. 李显冬：《试论中国古代固有民法的开放性体系》，《杭州师范学院学报》（社会科学版）2003年第5期。

3. 李显冬：《中国古代民事法律调整的独到之处》，《法学研究》2005年第5期。

4. 李显冬：《"民有私约如律令"考》，《政法论坛》2007年第3期。

5. 张晋藩：《论中国古代民法研究中的几个问题》，《政法论坛》1985 年第 5 期。

6. 张晋藩、林乾：《〈户部则例〉与清代民事法律探源》，《比较法研究》2001 年第 1 期。

7. 俞荣根：《儒家义利观与中国民法文化》，《中华文化论坛》1995 年第 3 期。

8. 郭宗杰、赵红光：《民法基本理念的历史渊源及其在我国缺失的成因分析》，《河南社会科学》2005 年第 3 期。

9. 霍存福、李声炜、罗海山：《唐五代敦煌、吐鲁番买卖契约的法律与经济分析》，《法制与社会发展》1999 年第 6 期。

10. 霍存福：《论中国古代契约与国家法的关系——以唐代法律与借贷契约的关系为中心》，《当代法学》2005 年第 1 期。

11. 赵晓耕：《中国古代民法的特点及其鉴别》，《法制现代化研究》1997 年第 3 卷。

12. 赵晓耕：《两宋法律中的田宅细故》，《法学研究》2001 年第 2 期。

13. 苏亦工：《发现中国的普通法——清代借贷契约的成立》，《法学研究》1997 年第 4 期。

14. 苏亦工：《诚信原则与中华伦理背景》，《法律科学》1998 年第 3 期。

15. 朱勇：《私法原则与中国民法近代化》，《法学研究》2005 年第 6 期。

16. 李力：《清代民法语境中"业"的表达及其意义》，《历史研究》2005 年第 4 期。

17. 李力：《清代民间土地契约对于典的表达及其意义》，《金陵法律评论》2006 年第 1 期。

18. 徐忠明：《传统中国乡民的法律意识与诉讼心态——以谚语为

范围的文化史考察》,《中国法学》2006 年第 6 期。

19. 俞江:《关于"古代中国有无民法"问题的再思考》,《现代法学》2001 年第 6 期。

20. 詹学农:《中国古代民法渊源的鉴别问题》,《比较法研究》1987 年第 2 期。

21. 郭东旭:《宋代买卖契约制度的发展》,《河北大学学报》(哲学社会科学版) 1997 年第 3 期。

22. 赵云旗:《唐代敦煌吐鲁番地区土地买卖研究》,《敦煌研究》2000 年第 4 期。

23. 刘广安:《传统习惯对清末民事立法的影响》,《比较法研究》1996 年第 1 期。

24. 梁凤荣:《唐代借贷契约论析》,《郑州大学学报》(哲学社会科学版) 2005 年第 4 期。

25. 韩伟:《唐宋时期买卖契约中的瑕疵担保——以敦煌契约文书为中心的考察》,《兰州学刊》2010 年第 2 期。

26. 岳纯之:《论宋代民间不动产买卖的原因与程序》,《烟台大学学报》(哲学社会科学版) 2008 年第 3 期。

27. 岳纯之:《论隋唐五代不动产买卖及其法律控制》,《中国经济史研究》2007 年第 4 期。

28. 王世华:《也谈"贾而好儒"是徽商的特色——与张明富先生商榷》,《安徽史学》2004 年第 1 期。

29. 吕建锁、陈发雨:《甬商钱庄与晋商票号的信用制度比较研究》,《宁波大学学报》(人文科学版) 2009 年第 1 期。

30. 王日根、陈瑶:《试论清至民国宁化的民间经济纠纷及其解决》,《中国社会历史评论》2006 年第 7 卷。

31. 张锡勤:《中国古代诚信思想浅析》,《道德与文明》2004 年第 1 期。

32. 武树臣:《中国古代法律样式的理论诠释》,《中国社会科学》1997 年第 1 期。

33. 李玉生:《中国古代法与现代民法债和契约制度的比较研究》,《法学家》2005 年第 5 期。

34. 郑显文:《中国古代关于商品买卖的法律文书研究》,《中国经济史研究》2003 年第 2 期。

35. 张玉:《束鹿县张氏家族契约文书述略》,《文物春秋》2005 年第 1 期。

图书在版编目（CIP）数据

中国传统民法架构二元性问题研究/顾文斌著. —北京：社会科学
文献出版社，2014.11
（江西省哲学社会科学成果文库）
ISBN 978 - 7 - 5097 - 6791 - 7

Ⅰ.①中…　Ⅱ.①顾…　Ⅲ.①民法 – 研究 – 中国　Ⅳ.①D923.04

中国版本图书馆 CIP 数据核字（2014）第 264765 号

· 江西省哲学社会科学成果文库 ·
中国传统民法架构二元性问题研究

著　　者／顾文斌

出 版 人／谢寿光
项目统筹／王　绯　周　琼
责任编辑／汪　珍　王　绯

出　　　版／社会科学文献出版社 · 社会政法分社（010）59367156
　　　　　　地址：北京市北三环中路甲 29 号院华龙大厦　邮编：100029
　　　　　　网址：www.ssap.com.cn
发　　　行／市场营销中心（010）59367081　59367090
　　　　　　读者服务中心（010）59367028
印　　　装／三河市尚艺印装有限公司

规　　　格／开　本：787mm × 1092mm　1/16
　　　　　　印　张：13.25　字　数：168 千字
版　　　次／2014 年 11 月第 1 版　2014 年 11 月第 1 次印刷
书　　　号／ISBN 978 - 7 - 5097 - 6791 - 7
定　　　价／58.00 元